115

D0891321

Vie en couple,
couple en vie

Infographie : Johanne Lemay

Catalogage avant publication de Bibliothèque et Archives nationales du Québec et Bibliothèque et Archives Canada

Demitro, Dolly

Vie en couple, couple en vie : un mode d'emploi pour mieux grandir en amour

ISBN 978-2-7619-2676-8

1. Couples. 2. Relations entre hommes et femmes. 3. Amours. I. Titre.

HQ801.D45 2009 306.7 C2009-941913-0

Pour en savoir davantage sur nos publications, visitez notre site : **www.edhomme.com**
Autres sites à visiter : www.edjour.com
www.edtypo.com • www.edvlb.com
www.edhexagone.com • www.edutilis.com

10-09

© 2009, Les Éditions de l'Homme,
division du Groupe Sogides inc.,
filiale du Groupe Livre Quebecor Media inc.
(Montréal, Québec)

Tous droits réservés

Dépôt légal : 2009
Bibliothèque et Archives nationales du Québec

ISBN 978-2-7619-2676-8

DISTRIBUTEURS EXCLUSIFS :

• Pour le Canada et les États-Unis :
MESSAGERIES ADP*
2315, rue de la Province
Longueuil, Québec J4G 1G4
Tél. : 450 640-1237
Télécopieur : 450 674-6237
Internet : www.messageries-adp.com
* filiale du Groupe Sogides inc.,
filiale du Groupe Livre Quebecor Media inc.

• Pour la France et les autres pays :
INTERFORUM editis
Immeuble Paryseine, 3, Allée de la Seine
94854 Ivry CEDEX
Tél. : 33 (0) 1 49 59 11 56/91
Télécopieur : 33 (0) 1 49 59 11 33
Service commandes France Métropolitaine
Tél. : 33 (0) 2 38 32 71 00
Télécopieur : 33 (0) 2 38 32 71 28
Internet : www.interforum.fr
Service commandes Export – DOM-TOM
Télécopieur : 33 (0) 2 38 32 78 86
Internet : www.interforum.fr
Courriel : cdes-export@interforum.fr

• Pour la Suisse :
INTERFORUM editis SUISSE
Case postale 69 – CH 1701 Fribourg – Suisse
Tél. : 41 (0) 26 460 80 60
Télécopieur : 41 (0) 26 460 80 68
Internet : www.interforumsuisse.ch
Courriel : office@interforumsuisse.ch
Distributeur : OLF S.A.
ZI. 3, Corminboeuf
Case postale 1061 – CH 1701 Fribourg – Suisse
Commandes : Tél. : 41 (0) 26 467 53 33
Télécopieur : 41 (0) 26 467 54 66
Internet : www.olf.ch
Courriel : information@olf.ch

• Pour la Belgique et le Luxembourg :
INTERFORUM BENELUX S.A.
Fond Jean-Pâques, 6
B-1348 Louvain-La-Neuve
Téléphone : 32 (0) 10 42 03 20
Fax : 32 (0) 10 41 20 24
Internet : www.interforum.be
Courriel : info@interforum.be

Gouvernement du Québec – Programme de crédit d'impôt pour l'édition de livres – Gestion SODEC – www.sodec.gouv.qc.ca

L'Éditeur bénéficie du soutien de la Société de développement des entreprises culturelles du Québec pour son programme d'édition.

 Le Conseil des Arts du Canada
The Canada Council for the Arts

Nous remercions le Conseil des Arts du Canada de l'aide accordée à notre programme de publication.

Nous reconnaissons l'aide financière du gouvernement du Canada par l'entremise du Programme d'aide au développement de l'industrie de l'édition (PADIÉ) pour nos activités d'édition.

198?

Dolly Demitro

Vie en couple,
couple en vie

Un mode d'emploi
pour mieux
grandir en amour

LES ÉDITIONS DE
L'HOMME
Une compagnie de Quebecor Media

Lorsque j'ouvre les yeux, chaque matin,
je m'émerveille de les savoir toujours là...
À mes enfants, Gia et Lukas, qui m'apprennent tant !

Lorsque je ferme les yeux, je les sens toujours avec moi...
À Mamo, ma grand-mère intemporelle,
À mon frère Johnny qui s'en est allé...

L'amour, comme la mort, nous amène à établir un dialogue
qui part directement du cœur
pour s'engager dans le couloir de la confidence intime ;
c'est sans doute cela qui nous fait ressentir la présence de l'autre
malgré la distance et l'absence.
Ce type d'amour ne meurt jamais !

Avis au lecteur

Ce livre peut créer une dépendance positive et entraîner le lecteur ou la lectrice à s'apprécier... et à s'aimer de mieux en mieux.

Ce livre est pour vous qui cherchez à améliorer votre couple et aussi pour ceux et celles dont la dernière relation n'a pas fonctionné.

Ce livre utilise le masculin et le féminin en sachant très bien qu'en chaque personne les deux genres cohabitent.

Ce livre est basé sur une approche humaniste des relations de couple hétérosexuel et homosexuel : toute interprétation sexiste serait fortuite et découragée d'emblée.

Personne ici-bas ne possède la vérité : je crois que chacun exprime ses raisons. Ainsi, chaque partenaire dans un couple peut présenter son point de vue, exprimer sa vérité personnelle.

Oui, vous avez raison tous les deux !

Avant-propos

L'amour a toujours été l'un des plus grands pouvoirs sur terre.
Pourquoi ne le laissons-nous pas grandir au lieu de le détruire ?

Quel sujet ! S'il existe un plus grand débat au monde, j'aimerais bien le connaître. L'amour est tellement important dans nos vies que nous ferions toutes les bêtises possibles pour le décrocher. Mais lorsque nous l'avons trouvé, comment le garder ?

Soyons honnêtes pour une fois. Ce livre répond à une grande désillusion : vivre en couple est très difficile. L'amour ne suffit pas toujours. L'information est trop diluée. Les pièges se referment et brisent les espoirs d'une vie heureuse. En fait, j'ai remarqué qu'il y a un tel écart entre ce qu'on rêve de vivre à deux et la réalité que plusieurs abandonnent la partie. La confiance en soi finit par en souffrir. Et pourtant…

Je suis aussi une victime de ce beau conte de fées : « Ils vécurent heureux et eurent beaucoup d'enfants », nous promettait-on naïvement. L'image du bonheur tranquille, de la paix intérieure et de la campagne où chantent les oiseaux sous un ciel immaculé, ça n'existe pas vraiment. Le couple réel est plutôt un champ de bataille où se déroulent des guerres interminables et quelques trêves, de courte durée. Les échecs et les blessures finissent par affaiblir les sentiments euphoriques du départ. Malgré ce portrait, j'ai aussi constaté qu'il existe des couples heureux. Plus qu'on ne le croit, même. Comment survivent-ils dans cette jungle perpétuelle ? C'est ce qui m'a allumée !

J'ai cherché à comprendre ce qui divise les hommes et les femmes en matière de relations de couple. Pourquoi se laisser séduire avec autant de candeur et d'insouciance lorsque la suite du scénario est aussi incertaine ? J'ai compris qu'il nous faut créer la suite nous-mêmes. Ce qui nous rapproche, dans une relation, nous sert de matériaux. On évolue ensemble dans cette école de vie. Il y a des étapes pour planifier, pour réaliser, pour communiquer, pour célébrer et parfois aussi pour faire du grand ménage. Ce n'est pas le *party* tous les jours. Je vois la vie de couple comme une œuvre qui ne peut se copier sur aucun modèle. Elle se bâtit sur mesure avec les matériaux que chacun apporte avec lui. Encore faut-il savoir de quoi on aura besoin !

Presque vingt années d'enquêtes et d'études me donnent ce recul nécessaire pour aborder, encore bien humblement, ce sujet qui est l'un des piliers de l'humanisme. Ce livre ne répondra pas à toutes les questions, mais comme il est pensé à la manière d'un coffre d'outils, vous êtes invité à vous mettre au travail.

Parce que les adultes apprennent grâce à des expériences, qu'ils s'impliquent dans la lecture de leur quotidien en superposant leurs réactions personnelles aux grandes théories, nous pensons qu'un guide silencieux – le silence est souvent utile pour faire le point –, qui repose sur votre table de chevet, peut ajouter des connaissances, éclairer les esprits et servir de lien entre les problèmes que vous éprouvez et les solutions qui vous conviennent.

Évidemment, les couples ne sont pas tous au même stade de leur existence. J'ai donc beaucoup écouté, tenté de percer les mystères de l'âme amoureuse et cherché pour vous des exemples utiles. Vous êtes peut-être récemment tombé en amour, ou encore vous venez de vivre une séparation… Votre regard sur les cinq poisons de la vie de couple ne sera pas le même que si vous et votre partenaire avez traversé plusieurs années de vie à deux. Peu importe l'étape que vous vivez, le temps que vous consacrerez à cette lecture sera comme une semence : vous aurez appris, compris et nuancé une foule d'éléments qui jouent un rôle dans la vie des couples. Tout cela fait partie d'un objectif central : pour trouver un second souffle dans les relations existantes, il faut accepter de faire ce qu'on n'a encore jamais fait. C'est aussi le défi que je me pose. Découvrir et partager mes expériences avec réalisme et humour.

Nos amours souffrent de la culture *fast food* qui est venue modifier les comportements de toute la société en faisant de nous des consommateurs avant d'être des constructeurs de ce bonheur auquel nous aspirons. Le contexte social influence plusieurs de nos comportements. C'est ce qui explique que le taux de divorce soit devenu alarmant, que le mariage n'a plus autant d'attraits, car la stabilité d'un couple n'y est pas automatiquement assurée.

La vie à deux est une histoire qui s'écrit au quotidien, avec un très beau début, des chapitres enlevants, avec des actions et réactions souvent imprévisibles et une fin interactive : chacun doit l'inventer, en tenant compte des circonstances. Romantiques ou dramatiques, toutes les histoires d'amour comportent des messages qu'on découvre parfois des années après la fin d'une relation. Les deux partenaires ont beau travailler de concert, l'harmonie ne s'atteint pas du premier coup.

Le couple nous fascine d'abord parce que c'est le berceau de notre existence, la première structure sociale qui nous accueille dans ce monde humain. Pour la plupart d'entre nous, le véritable test de la vie à deux se fera au cours d'une suite d'essais et d'erreurs, de déceptions semblables à des montagnes russes qui finiront par nous apprendre l'art de la guerre et non la grandeur de l'amour. Mais inutile d'en dire plus si vous ignorez toujours quels sont les cinq poisons du couple.

Il faudra accepter d'abord de tourner une page, puis une autre… pour apprivoiser l'art de cultiver l'amour afin de garder votre couple bien vivant.

Bienvenue donc dans l'univers de *Vie en couple, couple en vie* ! J'ai eu la chance d'apprendre et de partager différents points de vue, grâce à la relation d'aide et à des conférences, ce qui fonctionne le mieux, ce qui permet à des personnes authentiques de renouveler la qualité de leur couple. Vingt ans de pratique pour en arriver à aborder la relation amoureuse comme un voyage qui, bien qu'il soit planifié avec soin, nous réserve des surprises et des imprévus avec lesquels il faut apprendre à évoluer. Laissez-vous grandir en amour !

Bonne lecture !

Introduction

Lorsque des couples me rencontrent pour me parler de leurs difficultés, ils sont bouleversés et inquiets. Ils ne savent plus comment reprendre le dialogue. Ils me réaffirment s'aimer du mieux qu'ils le peuvent. Ils ont peur de voir leur projet de vie ensemble chavirer. L'écoute leur est précieuse, mais ils ont souvent besoin de sentir qu'ils ne sont pas seuls à vivre les mêmes problèmes. Presque tous les couples traversent des crises majeures, rien d'étonnant de voir que la plupart d'entre eux ont le même genre de défi à relever. Je les vois reprendre un peu d'espoir lorsque je leur parle des cinq poisons du couple. Autant vous en parler tout de suite pour vous aider à apprécier ce qui suit.

Voici les cinq éléments qui ont en commun de menacer la vie des couples et de l'anéantir à petit feu. Les identifier, comme on le fait des virus ou des plantes nuisibles, nous permet de mieux s'outiller pour les vaincre ou les empêcher de se multiplier.

La routine. C'est le premier obstacle à la durée d'un couple, sur le plan sexuel mais aussi au quotidien. Comment lutter contre la monotonie ? En alimentant sa vie de couple, en y mettant du piquant et de la fantaisie. Les surprises, les rendez-vous, les attentions romantiques donnent du charme à la vie à deux et vous sortent des obligations qui grugent toute l'énergie disponible.

La jalousie. C'est un poison qui, parce qu'il est administré à petite dose, peut ressembler d'abord à une preuve d'amour, mais qui, à la longue, tuera toute la confiance et le respect que vous avez si passionnément cultivés. Il est important de régler ce problème rapidement, par des discussions fermes, et, si le phénomène prend de l'ampleur, de consulter des professionnels pour limiter les dégâts. Aimer l'autre, c'est accepter que chacun ait droit à son petit jardin secret, dans le respect mutuel. Il est important de sentir et de savoir que chacun est digne d'être aimé et d'être respecté. L'amour n'est pas une compétition : il permet la différence et encourage la complémentarité, mais jamais au détriment de sa propre valeur.

Le manque de respect. L'acceptation des différences de l'autre, et la possibilité de pouvoir en parler librement et avec respect, est le gage de la santé d'une relation. Les gros mots, les paroles proférées sous le coup de la colère, les menaces, les insultes et les injures laissent des cicatrices émotionnelles que, parfois, ni les excuses, ni même le temps, ne parviennent à effacer.

Les questions d'argent. C'est le sujet dont on parle le moins et pourtant, c'est celui qui cause les plus gros problèmes. La meilleure façon d'éviter les conflits à propos de l'argent est de prendre les décisions ensemble. Travailler en équipe et collaborer en toute franchise, dans le calme, aux décisions concernant le budget, les priorités, les incontournables, cela devrait se faire à tête reposée, sans que les émotions ou les rancunes ne viennent corrompre les discussions.

Le manque de communication et d'écoute. Pouvoir se dire, et surtout être entendu, demeure primordial pour l'équilibre d'une relation. Pouvoir débattre ensemble au sujet des difficultés, des grandes décisions et des objectifs de vie afin de trouver des solutions satisfaisantes pour les deux conjoints est indispensable à la survie d'une relation, sans égard à sa longévité.

Peu importe que vous soyez en couple depuis 6 mois, 5 ans ou 30 ans, si vous êtes envahi par l'un de ces poisons, il faut prendre les choses en main sans tarder. Plusieurs couples choisissent de redéfinir la route sur laquelle ils souhaitent avancer à deux, après cet examen sommaire.

- Prévenir la dégradation pour conserver à votre couple son lustre des premiers jours, c'est avoir la chance de vivre le couple en santé.
- Se rendre compte que la corrosion commence à agir et tout faire pour éviter qu'elle ne se propage, c'est agir avec amour envers son couple.
- Choisir de rénover votre couple en y apportant les remèdes appropriés, c'est avoir le courage d'affirmer que l'amour peut vaincre les obstacles et s'accrocher à la vie.
- Se guérir de relations inachevées et apprendre à faire le deuil de ses illusions préparent des amoureuses et des amoureux blessés à être plus aptes à établir une relation saine dans l'avenir.

Si les champs magnétiques du cœur réagissaient comme une boussole sur les humains, il serait simple de se tourner vers le bonheur et de l'atteindre. Mais voilà que nous cheminons pendant des années dans une direction pour découvrir que le bonheur qu'on cherchait n'y est pas. La grande désillusion s'accompagne d'un défaitisme et les éternels perdants deviennent aigris. Ils ne croient plus en l'amour. Or, le bonheur n'est pas un lieu ou un objectif; c'est le chemin qui nous conduit à un bien-être intérieur personnel. Quelle est votre interprétation personnelle de l'amour? Du couple? Du respect?

En prendre conscience, c'est ouvrir ses yeux sur les faits. Le bonheur est un état d'être intérieur que nous sommes les seuls à pouvoir identifier et cultiver: personne ne peut le donner à un autre par gentillesse ou par contamination involontaire. Ce n'est pas comme un rhume. Ce serait trop facile ! Attendre de notre partenaire qu'il fasse de nous une personne heureuse, c'est impossible et irréaliste.

Mon expérience dans le domaine de la relation d'aide m'a appris que les grands miracles sont impossibles. Par contre, les petits sont autant de récompenses qui nous font grandir, comme des étoiles. J'ai donc choisi de vous entraîner dans l'univers des relations de couple en prenant soin de suivre le fil conducteur de la réalité. Ainsi, nous allons ensemble évoluer en dix étapes et tenter d'attraper au moins dix étoiles en abordant les thèmes suivants :

1. Commencer par soi ;
2. Découvrir l'autre exige de s'assumer ;
3. La communication à deux ;
4. Faire le bilan de santé de son couple ;
5. Se repositionner en tant que couple ;
6. La sexualité en couple ;
7. Faire face aux crises explosives ;
8. Pour un couple en santé ;
9. Le couple à travers le temps ;
10. La sagesse à deux.

Nous avons la chance d'aimer et d'être aimé. Nous souhaitons tous ajouter de la valeur à notre vie en couple parce qu'elle représente une part importante de notre accomplissement. Faisons-nous le cadeau d'une grande rénovation en prenant le temps de mesurer tout ce qui nous unit au lieu de frapper constamment sur ce qui nous divise.

J'aime comparer l'amour dans un couple à un pont. Pour que l'on puisse y circuler agréablement et traverser les obstacles, le pont doit reposer sur deux piliers solidement ancrés dans le sol. L'amour relie, fortifie et donne toute la valeur à chacune des deux forces réunies qui se soudent à la surface pour que la vie y circule.

Il existe des multitudes de ponts qui se fondent discrètement au paysage ou sont visibles, comme des œuvres d'art, de très loin. Le pont est le symbole de la confiance réciproque, car ce sont ces ancrages dans les valeurs de chacun qui assurent sa résistance ; sans cela, le passage deviendrait dangereux, impossible même.

Le couple se construit, lui aussi. Il n'apparaît pas solide comme par magie. Ce sont les épreuves, les tests, qui nous prouvent sa résistance. Pour que votre amour résiste aux chocs de la vie courante, et même aux tremblements de terre possibles, il faut y travailler. Les résultats ne dépendront pas vraiment de moi, même si j'ai la conviction que l'amour est une puissance extraordinaire. Je souhaite que mes connaissances trouvent un écho au cœur de vos expériences personnelles. Rassurez-vous : tout le monde est ici pour apprendre. N'est-ce pas ce qui fait de nous des « apprentis-sages » !

Chapitre 1
« Je-me-moi » ou je me noie

Je suis moi-même d'abord envers moi puis avec toi que j'aime.
Mon «JE» doit vivre si je veux que la vie circule en moi
et autour de moi.

COMMENCER PAR SOI

En venant au monde, une obligation naît : celle de devenir une personne mature et responsable en tenant compte de son propre bagage génétique. Voilà pourquoi nous consacrerons ce tout premier chapitre à cette difficile conquête qui servira de base à toutes nos relations humaines : qui suis-je ?

Aimez-moi ! C'est le premier cri du nouveau-né et, jusqu'à son dernier souffle de vie, c'est ce dont l'humain aura le plus besoin. De l'amour jaillissent la chaleur, la sécurité, la nourriture, la découverte du corps, l'apprentissage de la vie en société. Tous les mécanismes du développement s'activent au fur et à mesure des jours qui passent. Un bébé sans mère ni père à ses côtés ne peut survivre. Un être humain sans amour ne peut s'épanouir. Même si l'amour qui est donné est indirect, partiel, atrophié, il servira d'ancrage à l'enracinement de la personnalité. Savez-vous le pouvoir que vous avez d'exprimer vos besoins ?

Un bébé de trois mois qui hurle en plein milieu de la nuit a beaucoup de pouvoir. Les adultes gardent latente cette faculté de demander à la vie tout ce dont ils ont besoin. Pourquoi taire ce qui nous rend heureux, ce qui crée notre contentement ? Est-ce que notre conscience rebondit seulement lorsqu'il y a un manque criant ? Il se pourrait qu'en grandissant une sorte de déconnexion se fasse après l'adolescence, au moment où il faut assumer nos responsabilités d'adulte. Le sevrage affectif apparaît réglé. Mais l'est-il vraiment ? Ce qui nous a manqué depuis l'enfance reste en attente, comme si la soif d'attention, de tendresse, de confiance en soi s'était contentée du minimum et que, maintenant, elle réclamait une ration additionnelle pour reprendre ses forces, pour poursuivre la route de la vie.

> *J'ai appris à me taire, car mes parents se chicanaient sans arrêt. Si par malheur j'ouvrais la bouche, une nouvelle querelle naissait et je me sentais coupable d'avoir allumé l'incendie. Alors, face à mon conjoint, je n'ose que rarement dire ce que je pense vraiment. J'ai peur de ses réactions. Je sens bien qu'en agissant ainsi je lui donne le pouvoir sur ma propre vie.*

Un adulte ne doit pas abdiquer ses pouvoirs. Il doit apprendre à les utiliser dans le respect des autres. La différence entre s'accepter et s'imposer est grande. C'est à chacun de nous de prendre soin de définir ce que nous sommes, de le dire et de choisir ce que nous voulons aujourd'hui. Papa et maman ont pu nous léguer un petit héritage détestable et, enfant, nous n'avions pas le choix de le subir. Que faut-il en faire maintenant ? Le jeter aux poubelles lorsqu'il nous empêche d'être nous-mêmes ou le faire grandir en y ajoutant nos propres valeurs. Ce pouvoir de décider pour soi-même appartient à toute personne autonome dans ses choix de vie. Où en est-on face à son passé ?

LE TEMPS DE SE CONNAÎTRE

L'être humain cherche toujours à améliorer sa vie en s'élevant d'un palier à l'autre, de la naissance jusqu'à la mort. Prenons l'exemple d'une personne née en 1960 et qui va vivre jusqu'en 2050. Nous lirons *JE-ME-MOI 1960-2050* sur sa tombe. Les deux chiffres marquent le temps ; le trait d'union l'existence, l'accomplissement de quelque chose. Est-ce le néant entre les deux ? Tout ce que nous faisons pendant notre vie, les batailles, les efforts, les victoires, où sont-ils enregistrés ? Ces 90 ans à notre disposition pour grandir, pour évoluer, qu'est-ce que nous sommes en train d'en faire? On dit que le paradis est terrestre, non? Un purgatoire? Un enfer? Est-ce qu'on dira de vous: «C'était une personne gentille, serviable, généreuse ou encore une personne vraie, honnête en tout, avec son caractère fonceur et sa volonté de réussir: un modèle pour moi qui l'ai regardée évoluer»? Que contiendra votre héritage?

> *Je n'arrive pas à croire que mon homme, celui avec qui j'ai passé 30 ans à me disputer pour un rien, est parti, emporté dans un accident de voiture, sans que j'aie eu le temps de lui dire... à quel point je l'aimais. La vie est injuste. Il ne méritait pas l'enfer que je lui ai fait vivre. À force de le pousser à bout, je crois que j'ai cultivé son stress. Je n'étais jamais contente de rien. Pauvre Alain! Si j'avais su....*

Nous sommes en mesure de choisir le type de personnalité et la façon d'agir qui nous convient et, au fil du temps, de tenter de nous améliorer. Bien que nous traversions la vie en passant par les mêmes expériences, chaque personne se modélise tout en étant en marche. Une personnalité se forge avec le temps: vers l'âge de 20 ans, nous commençons seulement à définir nos formes, notre pensée, nos besoins et nos objectifs. Nous sommes constamment confrontés à des contraintes et cette interaction nous amène à nous connaître, à nous définir peu à peu. Nos besoins fondamentaux mènent une véritable lutte d'espace avec ceux des autres, les attentes du système, la productivité et la compétitivité. Nous réagissons aux contraintes qui nous entourent la plupart du temps. Avons-nous réalisé que nos attentes peuvent entraîner la déception si elles ne sont pas basées sur des ententes avec nos proches, particulièrement notre partenaire de vie?

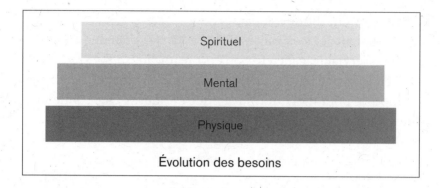

Évolution des besoins

Toutes les personnes évoluent par étapes, et le couple suit cette progression : le plan physique sera le premier comblé, et l'attirance sexuelle en fait partie ; le développement mental fait en sorte que l'on définit ses valeurs et que l'on se bat même pour asseoir son pouvoir face aux autres ; puis l'aspect spirituel prend sa place en nous amenant à nous accueillir dans nos valeurs pour mieux poursuivre notre évolution vers la maturité, seule ou en couple.

Où vous situez-vous, en ce moment ? Il y a 24 heures dans une journée, 1440 minutes, etc. Comme personne ne peut sauter les étapes, l'accomplissement de soi demande du temps et du réalisme. Pour se réaliser, pour se sortir d'un mal-être, vous devez vous connaître. Sans le Je-Me-Moi, je me noie !

La peur de s'affirmer

Tournez et retournez autour du sujet aussi longtemps que vous voulez, essayez tous les moyens possibles pour vous fuir, pour vous éviter, pour prendre des raccourcis, prenez autant de petites pilules magiques pour oublier ce vide ; tant que vous ne faites pas le choix de vous choisir, de vous accorder le droit au bonheur, rien ne se passera. Vous jouez à l'autruche et les autres vous utilisent, ce qui peut vous sembler être une façon d'être, mais ce n'est pas constructif. À mesure que vous apprivoiserez la personne que vous êtes, vous serez capable de nommer vos qualités ;

en découvrant ce qui vous fait peur, vous allez franchir le seuil de la porte et entrer dans votre vie comme on entre dans une maison en construction. C'est votre responsabilité de la construire! Une fois le premier étage bien en place, le deuxième est pas mal plus agréable... et le bonheur pourra y demeurer avec vous. Ne laissez personne d'autre vous convaincre qu'il va faire cela à votre place. C'est une fausse piste, un cul-de-sac qui ne débouche sur rien d'autre que la perte de votre identité.

La période de l'adolescence est, pour cette raison, un carrefour important. Il faut un jour sortir de son cocon et devenir une personne adulte. C'est à ce moment-là que vos grands axes se mettent en place, en fonction de ce que vous voulez être, même si tout n'est pas encore figé. Un mélange important se fait entre vos composantes homme/femme.

> *Je suis un peu Tom Boy et j'avoue que j'aime ça. Les fifilles trop pleurnichardes, ce n'est pas vraiment mon truc. Je suis une fille déterminée et j'aime me débrouiller toute seule, quitte à y mettre plus de temps. Ma chum de fille me dit que ça va faire fuir les garçons... On verra bien!*

Lorsqu'il entre dans cette phase de prise de conscience de la mutation génétique et sexuelle, le jeune adulte est entraîné dans une série de réactions biochimiques qui s'ouvrent sur le besoin d'aimer, d'être aimé, de vivre une fusion-reproduction avec une personne qui viendrait le compléter. Personne ne vous avait dit clairement que vous étiez programmé comme toutes les autres créatures vivantes. C'est le choc! L'adolescence est marquée par cette peur de ce qui arrive et vous vivez en même temps cet éblouissement total. La lumière vous attire tant et plus. C'est une épreuve bouleversante qui vous fait perdre le contrôle de vous-même en large partie. Le cri primal «aimez-moi» semble tourné vers les autres, mais, en premier, c'est à soi-même qu'il s'adresse. Est-ce que je peux m'aimer? Est-ce que je peux devenir un papillon moi aussi, une œuvre d'art qui va attirer l'attention de l'autre ? La réponse est « oui ». Il est essentiel de s'aimer pour être en mesure d'aimer les autres.

Rappelez-vous les consignes à bord des avions : l'adulte place son masque à oxygène puis il aide son enfant à mettre le sien… Pas l'inverse ! Pour sauver votre relation, il faut que l'amour entre en vous, sinon il est impossible d'en donner, d'être présent à l'autre. On ne peut donner quelque chose qu'on n'a pas.

> *Mon adolescence a été une période noire. À cet âge, je passais des heures à me remettre en question et je me désolais de mes faiblesses, je critiquais mes parents, je voulais tout avoir dès le premier jour et je me sentais comme un poussin qui titube et n'arrive pas à se tenir debout, chialant après sa mère et contre la terre entière. J'étais insupportable pour les autres parce que je cherchais de l'amour sans me regarder d'abord.*

Vous avez hérité de vos deux parents, il ne faut pas l'oublier… Vous pouvez reconnaître et détester ces traits de caractère qu'ils vous ont légués et vous rejeter pour cette raison. Vous souffrez d'être imparfait ; vous agissez constamment pour faire aussi souffrir les autres. Si vous piochez toujours sur ce qui ne va pas bien, il se peut que vous ne voyiez pas vos qualités qui sont rangées derrière. Même les compliments qu'on vous fait et les succès que vous récoltez sont mal entendus. Ils deviennent des malentendus ! Tout le monde peut vous tendre des bouées de sauvetage, mais si vous les refusez, vous resterez seul avec vos choix. Trop souvent, on évite de se regarder dans son propre miroir et de reconnaître les belles choses qui méritent notre appréciation et celle des autres. L'évitement peut durer très longtemps !

Plus tard, vous serez capable de comprendre que les premières expériences marquantes en amitié et en amour devraient se faire entre moi et moi avant de devenir positive « entre moi et l'autre ».

Il faut exister comme un être à part entière en faisant ces premiers choix. La liberté d'être soi-même est encore partielle, mais elle est en progression, se nourrissant de la confiance et de la prudence, de la soif de se connaître et de se tester, de se projeter en avant, de rayonner ou reculer. Si vous vous effacez en amitié et en amour, vous donnez à votre clone le pouvoir d'être là, mais vous restez absent ou absente de la relation : elle ne sera pas durable, car elle part sur des faussetés.

Vous avez besoin de vous tenir au centre de vos interactions avec les autres et apprendre à dire qui vous êtes, ce que vous voulez, ce que vous valez, tout en accueillant aussi les points de vue des autres. Est-il trop tard pour refaire cette mise au point ? Le climat est plutôt tendu et mon couple a déjà enfilé les gants de boxe, car chacun veut affirmer son droit avec ses poings. Il est toujours temps de revenir à ce que l'on est, même s'il s'agit d'une obligation. C'est un risque qui en vaut la peine que celui de vous tendre la main à vous-même, d'avoir le courage de vous affirmer sans colère et sans regret. Si vous l'aviez su avant, vous l'auriez fait, n'est-ce pas ?

TOUJOURS L'AUTRE

Le temps qui passe prend de plus en plus une valeur concrète. Premier amour : trois mois, puis c'est terminé. Que s'est-il passé ? Blessure ? Première peine d'amour : six mois à se chercher, à se méfier du suivant et à se guérir. Déception ? Suis-je différent des autres ? Première relation stable : deux ans à se découvrir, puis un mois de crise sur des points de vue qui nous éloignent. Déception ? Rupture ? Échec ? L'âge adulte nous apprend à recevoir les gifles. On est quand même meurtri à chaque fois davantage, lorsqu'on s'oublie. Les relations qui vous frustrent et vous privent de votre identité ne sont pas saines. Elles laissent des traces !

Cette quête d'identité touche aussi le travail, la famille, la vie sociale. Vous pouvez très bien fonctionner en apparence, mais, si on vous demande si vous existez, si vous êtes heureux de votre vie, que répondrez-vous ? Vous aurez l'impression que le bonheur est toujours ailleurs et qu'il s'éloigne à mesure que vous avancez pour le saisir. Vous le cherchez en dehors de vous. L'amour équilibré, énergisant demeurera inaccessible tant qu'il ne sera pas enraciné en vous. Il a besoin de votre substance intérieure pour grandir et se développer. Être vrai, c'est la seule bonne attitude. Insistez pour le rester ! Vous pouvez rire de vos défauts à haute voix pour les éloigner et demeurer fier de vos qualités, même si les autres ne les soulignent que trop rarement. Ce sont elles qui importent avant tout. Personne d'autre n'a le droit de les piétiner ou de les combattre. Elles sont votre capital personnel, si petit soit-il... et elles vont grandir ! Vos défauts, eux, ne peuvent que laisser de la place aux meilleurs choix que vous faites, dont celui d'être vous-même.

Lorsqu'on rencontre une personne qui nous plaît, on pense parfois que l'autre a plus de valeurs que nous et qu'il va être en mesure de combler ce besoin qui est fait d'insécurité et de dévalorisation.

> *Paul est tellement un être fabuleux. Il a de l'éducation, de l'expérience et tout lui réussit. Alors que, moi, je collectionne les échecs. Je ressens comme un grand vide en moi quand je me compare à lui. Il va m'aider à prendre ma place, je me sens déjà transformée à son contact.*

Ce n'est pas en piétinant vos qualités, en vous reniant, en transférant sur l'autre votre désir « d'aller mieux » que vous vous en sortirez. Votre confiance en vous, c'est le seul pôle de votre vie, votre centre vital. On se sent plus petit, moins riche que l'autre et on tombe dans le piège de la dépréciation, qui conduit à s'abandonner soi-même. Pas nouveau comme réaction ! C'est comme ça depuis l'homme des cavernes. Hommes et femmes vivent un éternel combat, semble-t-il, dont l'évolution explique des comportements, mais ne les corrige pas. L'être humain est créé en version améliorable et ce fait nous condamne à chercher à nous développer pour assurer la survie de l'humanité. C'est là que le grand duel commence, en fait.

> *Je croyais que l'amour allait m'apporter le bonheur. C'est comme si on m'avait promis quelque chose et que le cadeau était piégé, atrocement vide. Je suis déçue et je m'en veux d'y avoir cru aussi naïvement. On ne m'y reprendra plus….*

Lorsque la réalité du couple n'est pas telle que vous l'imaginiez, que faites-vous ? Vous vous demandez : c'est la faute à qui ? Suis-je incompétent ? L'autre a-t-il des torts ? Toujours l'autre ! Il ne me respecte pas ! Fusillez les coupables ! Parlons de la responsabilité ou de l'apport respectif des deux personnes en cause au lieu de parler d'échec. Chacun a pu y mettre tout son cœur et l'addition des ingrédients n'a pas réussi. Une séparation survient parce que chacun a une responsabilité égale la plupart du temps : 50 % vous donnent raison et 50 % vous donnent tort, sinon vous seriez d'accord pour poursuivre l'expérience. Admettre cela vous libère de la culpabilité. Revenir à soi est plus sage que de déchirer sa chemise sur la place publique. Quels sont vos sentiments ? Les avez-vous correctement transmis ? Vous pouvez vous sentir déçu puis incompris puis malheureux puis incapable de vivre avec cette personne qu'hier vous aimiez de tout votre être. Vos émotions sont-elles en train de vous trahir ? Que s'est-il donc passé ?

UNE REMISE EN QUESTION

Oublier de vous considérer d'abord entraîne une perte d'identité, une carence du moi qui, comme une pile rechargeable, s'épuise si elle n'est pas remplie.

Les confrontations nous amènent à vérifier quelles sont nos frontières, nos limites. Il est fréquent qu'elles engendrent une colère contre l'autre qui se gonfle comme un fleuve. La force de cette réaction est alimentée par votre besoin respectif de vous affirmer, d'aller chercher le respect de vos valeurs. Vous pensiez que l'amour serait comme une rivière tranquille et voilà que le choc entre ses attentes et les vôtres provoque des remous, des cascades, des chutes immenses. Vous perdez votre énergie à justifier vos choix au lieu de les utiliser pour vous élever en amour. La réalité est semblable à deux rameurs qui sont dos à dos au lieu de travailler en harmonie. Le navire tourne en rond.

> *Pourquoi ai-je négligé de dire à Linda ce que je ressentais ; j'ai endossé un rôle qui ne me convenait pas ; j'ai dépassé ma limite ; j'ai laissé les événements agir contre moi ; je me retrouve égaré, sans boussole, dans ma propre vie. Je n'aime pas ce que je suis devenu : un homme frustré et contrôlant qui n'arrive plus à dire «Je t'aime».*

Prendre le temps de regarder ce qui se passe en vous avec un certain recul, en laissant les émotions violentes de côté, c'est essentiel. Il faut accepter de faire l'effort d'une remise en question avant que le couple ne soit définitivement brisé. L'idée de la séparation ne résout pas tous les problèmes, à moins qu'il s'agisse d'un cas de violence physique ou psychologique. À cette première étape qui commence, l'accueil et l'écoute créent une atmosphère de tendresse envers vous-même, en premier lieu. Revenez à vos valeurs personnelles. Dites-les à l'autre. Vous taire et vous rendre coupable, rendre l'autre responsable des difficultés, ces attitudes ne servent à rien. Revenir à des émotions positives envers vous-même permet de reprendre son souffle entre deux vagues. Donnez-vous respectivement une chance de reconnaître que vous possédez des qualités et pas seulement des défauts. Le conflit est un signal que quelque chose n'est pas à la bonne place dans votre couple. Un jeu de polarité s'est installé en vous : êtes-vous dans le négatif ou dans le positif ?

Il y a de nombreux outils et des solutions au second étage de votre maison en construction, mais, avant de vous y rendre, un inventaire pourrait être nécessaire. Est-ce que mes matériaux sont utilisés correctement? Inutile de vous exclure du problème, ou d'envoyer votre conjoint tout seul dans cette recherche des causes: même si vous niez votre part de responsabilité, l'autre ne pourra redresser seul la situation conflictuelle. Chacun des partenaires doit le faire pour lui-même. Personne ne va vous juger, excepté vous-même. La visite guidée de votre jardin intérieur est une excellente façon de vous accueillir avec amour et honnêteté.

> *C'est fou ce qui nous arrive: on dirait que nous sommes des étrangers alors que nous faisions tout pour rester amoureux. Je pensais lui faire plaisir et la rendre heureuse. Elle voulait une famille, une maison, une vie sans stress. Cinq ans pour tout bâtir et, en cinq minutes, la pire catastrophe de ma vie me tombe dessus. Elle n'est pas bien, elle se sent prisonnière et elle veut tout foutre en l'air. Je vais craquer! Je ne comprends pas...*

Le choc de la vérité frappe: c'est celui qui a le courage de briser le silence, qui, le premier, cause le premier tremblement de terre. L'autre se demande: pourquoi tout remettre en question? Que cherche-t-il dans cet exercice de sabotage? Il faut mettre de côté son orgueil afin de faire l'examen de la relation: ceci va bien, mais cela nous étouffe. Il faut aussi regarder vers quoi nous allons. Dans cinq ans, que serons-nous devenus? Sans un entretien de la relation, les pannes vont se multiplier, car tout ce qui sert finit par s'user. La cause n'est pas extérieure, mais elle se loge dans la place que chacun occupe et dans la vérité profonde de chaque personne. Pas en fonction de l'autre ou des frustrations qui s'accumulent, mais en concordance avec notre identité première. «Aime-toi d'abord» puis chacun pourra ensuite expliquer à l'autre ce qu'il peut apporter au couple et ce qu'il espère aller chercher chez l'autre, afin de mettre cet espace en commun pour l'embellir ensemble.

Le couple est une drôle de structure, toujours en semi-équilibre. Il y a une bulle pour chacun et un petit croissant vous réunit. Cet autre espace, qui vous appartient à tous les deux, occupe le centre amoureux. La relation existe comme une entité propre qui habite cet espace entre vous deux, formé par la jonction des deux. Les perturbations vont se communiquer partout si chacun n'en prend pas soin.

Parfois l'un veut contrôler ce que l'autre garde dans son espace et il décide pour deux. Ça ne va pas ! Ce manège va appauvrir votre capacité, réduire votre diversité et faire de votre univers une copie du sien… Personne n'a le droit de prendre le contrôle de votre espace, peu importe les raisons évoquées.

> *Mon espace, parlons-en. Entre les enfants, le boulot, les obligations du ménage et les courses, je ne m'appartiens plus. Jean me reproche d'être toujours stressée et de ne plus m'amuser comme avant… Je voudrais bien le voir à ma place, lui qui se permet toujours ses sorties de gars.*

La responsabilité de cultiver les valeurs du couple ne revient pas à l'un plus qu'à l'autre. Gare à ceux qui délèguent ! La récolte sera peut-être une déception de plus. Dans chaque couple, même ceux qui vivent souvent des affrontements et des remises en question, il y a de très bonnes choses qui ont grandi dans l'espace commun. Il faut les reconnaître de temps à autre. Quand votre confiance dans vos choix deviendra une certitude, il sera temps alors de regarder ce que l'autre a cultivé dans son propre jardin et de parler de ce qui est important pour chacun. Il y a des outils utiles à chaque étape, des approches différentes et parfaitement adaptées aux besoins du moment. Lorsque chacun se sent bien dans sa peau et ne joue pas au pantin, lorsque les rôles sont clairement délimités et sont assumés, la relation de couple passe du sentier plein de cailloux à l'autoroute : il s'agit de donner la même direction pour que les attentes soient comblées. La maxime qui dit qu'on peut toujours mettre de l'eau dans son vin nous amène à être conciliants, mais il faut le faire dans le respect de ce que nous sommes et tant que la situation demeure confortable. Un malaise persistant est un signal de détresse, lancé par l'un ou par l'autre. Vous y gagnez à en parler dès qu'il se pointe entre vous.

À CHACUN SA ZONE

Plus vous voulez faire croître votre amour et plus la zone mitoyenne sera embellie, comme vous le feriez pour un jardin. Il y a des souvenirs communs qui sont positifs, de belles réalisations qui étaient cachées par les mauvaises herbes et qui reprendront vie. C'est l'outil de la **démarche appréciative** qui vous permettra de repérer ce qui vous réunit au lieu de vous attarder à bêcher sur ce qui vous divise, vos frontières. Inutile de les creuser! Apprenez à voir ce qui vous caractérise à partir de la vision positive de vous-même. «Ce que j'ai de meilleur en moi, c'est…; ce que j'apprécie chez toi, c'est…»

En consacrant du temps à entretenir votre propre ego et lui le sien, vous réapprendrez à vous renforcer pour mieux créer ensemble des chefs-d'œuvre communs. Mais quand la guerre fait rage, ce n'est pas facile de rester stable: voir le problème sans l'amplifier, mais voir aussi tout ce qui va bien en dépit de ce problème. Si vous êtes tellement affecté par l'autre, n'est-ce pas parce que vous avez des sentiments? L'amour et la haine sont en lien étroit, le saviez-vous?

Le temps d'arrêt et le retour sur vos propres besoins permettent de jeter un regard différent sur les attentes, plus réalistes après une crise qu'au point de départ de la relation. C'est comme un piano qu'il faut ajuster… avant l'heure du concert. Se remettre au diapason et s'accorder, ce n'est pas un drame en soi. Tout le monde le fait et les couples doivent aussi vivre cette étape.

Puisque le fait de projeter des attentes trop grandes envers l'autre vous a conduit à vivre une frustration, pourquoi ne pas reconstruire votre jardin personnel en tenant compte d'abord de vos goûts? Votre personnalité peut s'y refléter sans tomber dans le narcissisme. Votre partenaire fera la même chose. Peut-être serez-vous tous les deux étonnés de constater que plusieurs de vos goûts se rapprochent ou sont semblables alors que d'autres vous caractérisent davantage. Déjà se dégagera un petit espace commun à partir des zones d'entente, de confort. Au fil du temps, ces petits îlots communs, où l'ambiance est amoureuse, douce, rassurante, vont se multiplier.

Ce jardin n'est pas le vôtre ni le sien, alors les deux doivent en convenir... se coordonner. Ce qui pousse au centre du couple n'est pas le fruit d'un seul regard, mais devient l'attribut d'une troisième réalité, celle de la relation créative. C'est l'outil des **projets communs** qui va s'enraciner à cet endroit: avoir des enfants dans un contexte favorable, formuler un projet de loisir, inventer le quotidien en y mettant plus de soleil, préparer un voyage, la retraite, etc. Tout est possible à condition que les deux soient appelés à créer ensemble ce que le couple peut cultiver de meilleur.

Pour qu'un couple puisse se créer, s'unir et grandir, il faut être deux personnes compatibles ayant en commun des sentiments amoureux. Croire que le couple peut survivre si l'un de ses éléments fondateurs n'est pas bien ancré, c'est cultiver une illusion. Aimer de tout son cœur une autre personne n'est pas suffisant: il faut la connaître, cette personne, la respecter dans ce qu'elle est, prendre soin de lui démontrer du respect, de la confiance et de l'attention. Il faut faire la route avec elle en restant conscient de soi-même. Et cette façon de vivre le couple ne s'apprend pas seulement avec la tête: le couple compte sur une alliance tête-cœur-corps pour mettre en pratique toute la richesse de la relation. Ce sera l'objet de notre deuxième chapitre que de faire cette découverte de l'autre dans la phase initiale de la rencontre amoureuse qu'on appelle la séduction.

«LE PLUS GRAND SECRET POUR CULTIVER LE BONHEUR, C'EST D'ÊTRE BIEN AVEC SOI.»

- Prendre du temps pour soi, à réfléchir ou à lire, afin de trouver des informations qui vous aident à découvrir vos forces et vos faiblesses.
- Écrire votre journal quotidien afin de vous rebrancher à vos émotions et de retrouver votre spontanéité.
- Apprendre à exprimer ses pensées et ses émotions en utilisant le JE, suivi d'une interaction de l'autre afin de voir si le message a été bien compris, puis alimenter le dialogue sans colère et dans le respect.
- Identifier un problème peut vous conduire à une remise en question toute personnelle : dites à l'autre qu'il n'est en rien concerné par ce que vous vivez, afin de pouvoir, à votre rythme, trouver la façon de guérir vos vieilles blessures.
- Conserver des zones de légèreté, comme le rire, l'humour, les sorties agréables et des gestes imprévisibles qui font du bien.
- Mettre votre énergie sur les plus belles qualités qui vous caractérisent sera toujours plus agréable que de remâcher sans cesse vos complexes et vos défauts.
- Régler vos problèmes d'acceptation de soi : la paix intérieure ne viendra pas vous visiter plus souvent lorsque vous aurez 20 livres en moins... Vos chances d'ajuster votre image corporelle sont meilleures si vous vous appréciez assez pour faire les efforts requis. S'aimer, c'est aussi se sentir bien dans son corps.

Chapitre 2

L'appel de l'amour ou amour à la pelle

Chacun de nous doit reconnaître ses pôles :
plus l'homme est dans son axe masculin
et la femme dans son axe féminin
et mieux la complémentarité se développe.

DÉCOUVRIR L'AUTRE

L'être humain est rempli de paradoxes. Entre ses principes et ses actes, ses intentions et ses décisions, il y a une foule de nuances surtout lorsque les sentiments prennent le gouvernail. La plus contradictoire des attitudes, et aussi la plus courante dans l'histoire des couples, est celle du « si tu m'aimes, découvre-moi » qui est basée sur l'idée que l'autre doit explorer par lui-même la personne qui l'attire et avec qui il partage un nouveau sentiment amoureux. Le partenaire peut-il tout deviner ? Jouer les grands explorateurs ? Croyez-vous que ce soit réaliste ? En tout cas, cela exige de l'attention et beaucoup de détours. Nous avons chacun notre île, immense boîte à surprise et, en retrait du halo lumineux, il y a plusieurs petites zones cachées. C'est vrai pour l'autre aussi. On peut jouer à cache-cache très longtemps… à partir du premier jour d'une belle histoire d'amour. Voilà pourquoi il est si important de se connaître d'abord au moment d'accueillir une autre personne dans son intimité. Comme un magnifique papillon, la séduction peut nous émerveiller ou nous conduire à la déception.

LA PRÉSENCE MAGNÉTIQUE
Au début de la relation, chacun est intrigué par ce que l'autre a cultivé et il y a une fascination qui s'exprime à chaque fois qu'une reconnaissance territoriale s'ouvre. Chacun montre bien d'abord ce qu'il aime de lui-même.

> *Il est fantastique, Claude. On dirait qu'il me devine à tout coup.*
> *Je suis timide et j'ai tendance à écouter plus que moins. Avec*
> *lui, je me sens en confiance. On n'a même pas parlé encore*
> *vraiment de s'installer quelque part, de fonder une famille, et*
> *déjà il m'a juré qu'il ferait tout ce que je voulais... Tu vois*
> *pourquoi je l'aime tant!*

Cet intérêt mutuel construit un pont entre les deux îles. Le jeu des tête-à-tête, c'est d'aller fréquemment marcher chez l'un puis chez l'autre parce que vous aimez faire ces découvertes. Il y a des projets personnels que l'autre nous encourage à réaliser en apportant son soutien, et d'autres que vous élaborez ensemble et auxquels il faut donner suite en collaborant ouvertement, dans la joie et la franchise. Vous apprendrez sur vous-même et sur l'autre dans le contexte d'une action constructive basée sur le dialogue et l'écoute. La volonté de rapprochement de l'étape de la séduction est un incitatif formidable.

À quel moment le jeu de l'exploration prend-il fin? Lorsque l'un et l'autre cessent de s'inviter mutuellement à ce partage...

> *Je le connais bien maintenant, mon Steven. Il n'a plus de se-*
> *crets pour moi... Je peux deviner ce qu'il va dire à l'avance...*
> *Je lui ai déjà dit que je n'aime pas parler de moi, alors il se tait.*
> *Pas de questions et pas de mensonges, n'est-ce pas? Nous*
> *qui étions si bavards au début, on n'arrive même plus à faire*
> *la conversation pendant les repas.*

La communication semble se figer et elle commence à tourner en rond autour des obligations, du quotidien, des engagements. On pourrait dire que le couple se met à vivre sur le pont, entre les deux îles. Tout devient neutre... à la première bourrasque de vent, le lien se fragilise et, la plupart du temps, le dialogue va faire défaut. Lorsque les îles vont commencer à dériver, le pont ne va pas résister et la relation va voler en éclats. Si chacun n'est pas honnête avec lui-même et en mesure de relancer la communication, il y aura deux humains solitaires sur deux îles étrangères dans peu de temps. C'est la fin annoncée d'une belle relation de couple que cette absence de communication plus profonde que le va-et-vient quotidien. Ne serait-il pas utile de savoir tout cela avant de subir les leçons? Les couples mieux informés sont-ils en mesure d'évoluer dans la même direction sans vivre cet éloignement ponctuel? Tout ce qui vous arrive a une raison d'être, les bonnes comme les mauvaises expériences. Avant de conclure que votre partenaire est devenu indifférent, de renoncer à une relation amoureuse qui était prometteuse, il faut prendre le temps de décoder les raisons et de comprendre le message qui se cache sous cet échec. Être en panne de communication n'est pas aussi grave que vous pouvez le penser. Renoncer trop tôt peut, par contre, vous faire éviter d'entrer en vous-même pour mieux fuir une obligation de vous adapter. Ainsi naissent les relations *pattern* dès que vous êtes confronté à une remise en question, vous renoncez à vous investir, à regarder votre attachement commun au lieu de vos divergences. Cela risque de creuser des fossés. J'aime à le répéter: on est tous parfaitement imparfaits!

Reprocher à l'autre de ne pas avoir deviné ce qui vous était essentiel ne corrige pas la réalité: vous devez revenir à l'expression de ce que vous êtes. Dire ce que vous ressentez et permettre à l'autre de venir explorer vos sentiments, cela exige de sortir de la spirale des obligations, d'admettre qu'on a fait des détours inutiles ou pris de mauvais raccourcis; il faut y mettre du temps et y ajouter de l'intérêt à écouter et à comprendre l'autre. L'outil de la communication amoureuse, de **l'intimité partagée**, est efficace pour alimenter cette curiosité de tout connaître sur soi et sur l'autre. Les petites soirées intimes, les escapades à la campagne, c'est la clé. Simplement créer l'occasion de se parler vraiment. Certains couples y arrivent dans leur décor habituel, mais, le plus souvent, la lumière se fait lorsque vous arrivez à prendre du recul sur la vie quotidienne. Des vacances juste vous deux, pourquoi pas? Et le plus souvent possible!

Qui est Josiane, la personne que j'aime ? J'avoue que j'ai cessé de m'intéresser à elle depuis que les enfants ont pris toute la place entre nous. Elle est devenue une mère et moi un père. Ce qu'on était avant, notre intimité de couple, tout cela a disparu.

Personne ne peut deviner ce que l'autre pense s'il n'y a plus de moments de rencontres, d'échanges. Dès les premiers mois de votre relation, vous aviez ce besoin de parler, de tout vous dire qui était l'enjeu de la séduction. L'expression de la tendresse, de la complicité se définissait dans la confiance, dans une ambiance chaleureuse... Comme le disaient subtilement nos grands-mères : «Si vous souhaitez garder la soupe chaude pendant toute la vie, il ne faut pas oublier de mettre du bois dans le poêle ! » Il faut se donner rendez-vous et provoquer les collisions agréables en les créant. L'un des outils les plus efficaces est **le rire.** La capacité de s'arrêter pour partager un moment d'humour va devenir une occasion spontanée de retrouvailles galantes. L'étincelle qui surgit alors est une chose précieuse à saisir. Les couples qui ont conservé le sens de l'humour et du romantisme continuent d'explorer leurs univers respectifs avec plus d'ouverture que ceux qui dramatisent leurs différends.

En ouvrant votre porte à l'autre au lieu d'attendre qu'il frappe et s'invite, vous devenez actif et sensible aux efforts de rapprochement. Vous savez bien qu'il y a encore, quelque part dans le monde, des îles qui attendent toujours d'être découvertes, mais que de temps perdu à les chercher lorsqu'on n'a qu'une vie à vivre. Trouvez et créez des occasions pour inciter l'autre à explorer votre île en lui servant de guide. Laissez-vous entraîner aussi dans son monde intime ou social aussi souvent que possible. Vous passerez consciemment du temps sur chaque passerelle afin d'apprendre l'un de l'autre ce qui vous réunit ; à travers la sexualité et le rire, les activités quotidiennes et les projets de vie communs en seront renforcés.

On dirait que plus une solution est simple et plus on hésite… Même loger un appel sur le cellulaire pour dire : « Je t'aime » peut suffire. Les mots, comme les mains réunies, nous permettent de faire circuler nos pensées et d'exprimer notre présence à l'autre, nos émotions du moment. Pour que le courant passe, ne fermez jamais cette ligne téléphonique invisible entre vous. Il peut vous parler de lui, de ce qu'il vit, de ce qui le préoccupe à n'importe quel moment du jour ou de la nuit, et vous de même. Cela consiste à tisser – comme jadis les grands-mères tissaient les vêtements désuets pour en faire des couvertures – des liens d'écoute et d'échange. Il est dépassé ce vieux mythe qui dit : « Celui qui m'aime devine comme par magie mes moindres besoins. » C'est un truc impossible à réaliser ! Pour un couple, cesser de se parler avec sincérité – pas seulement parler pour ne rien dire –, c'est se condamner à l'asphyxie.

L'éloignement entre deux personnes se détecte plus consciemment lorsque, dans une conversation, l'un répond à la place de l'autre, comme si une sorte d'automatisme commençait à régler les conversations.

> *Je sais très bien ce que tu penses de mon projet, tu es contre, encore une fois. À l'avenir, je ne t'embêterai plus avec mes décisions. Je les assumerai toute seule puisque, de toute façon, tu ne me soutiendras jamais.*

La communication se fragmente à partir de suppositions probablement erronées de part et d'autre. Les interprétations sont comme du ciment qui s'effrite : il coule un tout petit peu de sable tous les jours puis, un beau matin, les briques sont désunies et l'eau s'infiltre. Il faudra colmater puis réparer les dégâts avec patience dans une démarche commune de dialogue.

Qu'est-ce qu'un couple en vie ? C'est une cellule unique au monde que partagent deux personnes qui se sont choisies pour leurs valeurs. On ne s'aime pas pour se battre à coups de pelle, pour se crier des injures du matin au soir. Vouloir grandir dans la sécurité en se souhaitant le meilleur ensemble : est-ce encore possible ? L'amour est une construction relationnelle, une sorte de pont qui repose sur deux piliers suffisamment éloignés l'un de l'autre pour porter la dalle de béton qu'on y dépose. Le pont va basculer si les deux poutres sont trop près l'une de l'autre... Le pont va s'écrouler si l'un des deux piliers n'est pas solidement ancré dans le sol... Le pont ne tiendra pas si les piliers sont trop loin pour être réunis par la structure... De quoi a-t-il l'air, votre pont, aujourd'hui ?

Si la vision de l'architecte est féminine, le pont incarnera la sécurité, la beauté, l'harmonie ; si elle est masculine, il incarnera la durabilité, la force, l'endurance. On est d'accord, il faut tout cela pour faire un pont.

> *C'est entièrement de ta faute si on a des problèmes de budget. Je t'avais dit que je ne voulais pas avoir une maison avant cinq ans et toi, tu as insisté. Tu m'enlèves toute ma liberté. Je me sens prisonnier d'une dette alors que je voulais voyager et m'amuser. Tu m'as coupé les ailes. Je voudrais revenir en arrière maintenant et c'est impossible.*

Lorsque chacun se tait, lorsque l'appel qu'on devrait faire pour reprendre la communication tarde, que le non-dit prend la place des attentes, il devient difficile d'avoir des ententes dignes de ce nom. L'autre décidera pour deux et par la suite le déséquilibre commencera à se faire sentir. L'un prend le rôle du dominant et impose sa décision, le second va se soumettre sans trop adhérer. Le projet commun va se buter à une lutte de pouvoir. Il faut que les deux partenaires créent des projets communs sans assujettir ou réduire le poids des décisions à l'un plutôt qu'à l'autre.

Il vaut mieux utiliser plus de temps à définir une bonne entente et ensuite la réaliser à deux avec amour que de laisser à un seul partenaire le soin de choisir pour deux. À long terme, ce choix unidirectionnel ne peut tenir en raison du déséquilibre. La crise pourra éloigner le couple et les *patterns* « silence et frustrations » se creuseront encore. Le cercle vicieux des querelles à répétition va s'installer et, tous les deux, vous serez malheureux de vous y voir enfermés.

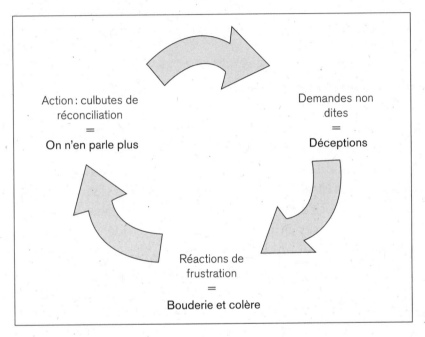

Action : culbutes de
réconciliation
=
On n'en parle plus

Demandes non
dites
=
Déceptions

Réactions de
frustration
=
Bouderie et colère

En prenant le temps de se découvrir des affinités profondes, en usant du dialogue et de l'humour pour explorer des possibilités différentes, la phase de l'amour en interaction se fera une niche. La clé de cette réussite s'appelle : vouloir pour l'autre ce qu'il y a de meilleur, dans la réciprocité. L'outil le plus utile est **le respect** de la personnalité de l'autre, de sa capacité d'agir et de s'assumer comme un adulte à part entière. Le même besoin est ressenti chez l'autre. C'est ensemble, en demeurant soi-même, que les élans et les réalisations se feront. Chacun apporte sa vision des valeurs qu'il souhaite cultiver seul et celles qui servent à la mise en commun de tout ce potentiel que vous avez combiné en vous aimant.

L'approche passive qui fait en sorte que l'appel « magique » se fasse entendre est à proscrire. Pas de messager entre vous : ces intermédiaires qui transportent vos messages peuvent aussi les dénaturer. L'image qu'on a de soi va en souffrir, car l'autre peut se tromper sur vos intentions et vos pensées. Il va vous offrir en retour des messages, des cadeaux... décevants. C'est inévitable. La passivité et l'absence de dialogue peuvent nuire à la santé du couple.

COMPRENDRE LA SÉDUCTION

L'amour est sans doute le plus grand des illusionnistes. Il transforme sous nos yeux des événements, des sentiments, des complicités et des circonstances. Il compte sur une faiblesse inhérente à l'être humain, un besoin plus grand que lui, pour nous amener à croire à ses vertus magiques. Tomber en amour tient du mythe : sous l'influence d'Éros, deux personnes raisonnables endossent des lunettes roses et, pendant une période indéterminée, elles vont se concentrer uniquement sur ce qu'elles veulent bien voir, entendre, vivre. Cette bulle qui se crée au premier rendez-vous nous amène là où, le plus souvent, ni l'une ni l'autre des victimes consentantes de Cupidon n'oseraient rêver d'aller. L'amour se compare à une montgolfière qui va monter, dériver, errer tant que son carburant ne sera pas complètement brûlé. Quelle belle expérience que celle où deux inconnus sont ainsi propulsés en dehors du temps et, aussi, en dehors de leur propre existence, pendant une période euphorique, idyllique !

Les recherches scientifiques apportent des réponses de plus en plus précises à ce phénomène d'attraction qui permet de reconnaître un partenaire potentiel, de le marquer en utilisant nos hormones du désir, les phéromones. Le rôle de ces sécrétions de nature olfactive consiste à interagir avec un partenaire en deux temps : l'organisme sécrète des hormones de type A qui sont des phéromones incitatrices ; elles agissent directement sur le comportement en interpellant l'autre, en retenant son attention pour qu'il s'approche. Puis une nouvelle émission d'hormones de type B se produit. Ce sont des phéromones modificatrices : elles agissent sur la biologie tant animale qu'humaine. Ce sont elles qui font naître l'effet coup de foudre : augmentation de pouls, sensation que le cœur est en alerte, plus réceptif aux moindres encouragements, avec le souffle court et les yeux brillants, et parfois des déséquilibres, comme oublier d'avoir faim, ne pas trouver le sommeil, rêver les yeux ouverts, flotter dans l'air tellement on se sent bien, en présence ou simplement en pensant à l'autre.

Loin de moi l'idée de minimiser le premier acte de cette œuvre sublime qu'est l'approche, la naissance d'un amour passionnel, en le réduisant à une fluctuation hormonale. Bien au contraire ! De toutes les époques, la magie de la première rencontre et la recherche du fameux coup de foudre font courir les hommes autant que les femmes. Mais en quoi consiste la phase de séduction, au juste ? Pourquoi cette vision de la personne idéale s'efface-t-elle après quelques mois ? Cet impact des phéromones est maintenant prouvé.

> *Il s'est approché de moi avec un regard que je ne pourrai jamais oublier. Il n'avait rien de la beauté plastique que je recherchais... c'est l'attirance magnétique de ses yeux qui m'a hypnotisée. Après quinze minutes de conversation, mon cœur n'arrêtait pas de battre. Je lui ai souri et le reste du monde a disparu.*

La séduction se prépare souvent depuis un certain temps lorsqu'elle s'apprête à frapper. Elle vient modifier la trajectoire de deux humains qui s'ignoraient totalement jusque-là. Les hommes qui veulent plaire soignent leur chevelure, choisissent leur parfum, se rasent de près ou laissent une repousse de quelques jours pour augmenter leur allure virile, s'assurant que les accessoires tels que les lunettes, les vêtements et les chaussures dégagent une aisance qui se confirmera dans la posture. « T'es fort ! Tiens-toi droit ! Sois sûr de toi ! Ne montre surtout pas tes faiblesses », disaient les mères pour marquer le caractère affirmé des garçons. Ils auront parfois aussi recours à des conseils sur Internet ou à des conseillers matrimoniaux afin d'apprendre à parler aux femmes avec assurance et à communiquer leurs sentiments avec plus d'aisance. Les hommes du troisième millénaire ne comptent plus sur le hasard pour séduire : ils s'y préparent ! Leur habileté en communication est en croissance.

Autour de la séduction au féminin, toute une industrie s'active, de la coiffure au maquillage en passant par les soins esthétiques correcteurs qui permettent de créer une image ou de mettre en valeur les particularités féminines. Pourquoi les femmes accordent-elles tant d'importance à leur apparence lorsqu'elles veulent séduire ? Y a-t-il inconsciemment le désir de tromper l'autre dans cette stratégie de plus en plus sophistiquée ? « T'es belle ! Tu ne passes pas inaperçue ! Tu vas en briser des cœurs ! » disaient les pères admiratifs. Alors les filles apprennent très tôt à attirer les regards et à jouer de leur physionomie à leur avantage. Reprocher aux hommes d'être voyeurs n'est donc pas le fait d'un défaut, mais plutôt la conséquence d'une attitude ancrée depuis l'enfance. Les femmes aiment briller… Les hommes apprécient d'un coup d'œil la femme qu'ils découvrent. Ce sont des comportements programmés, stéréotypés, auxquels personne ne peut rien changer. Vous comprenez pourquoi les hommes aiment le plaisir de regarder ; les femmes s'arrangent d'ailleurs pour être regardées.

Le rôle de l'apparence physique et du vêtement a été étudié par la sociologie, et notamment par des sociologues du corps. Le sociologue français Jean-François Amadieu[1] raconte avec tendresse

---

1. Tiré de l'Observatoire des discriminations, dont Jean-François Amadieu est le directeur. Ses travaux démontrent comment les déterminants physiques jouent un rôle dans la sélection sociale. Auteur des livres *Le poids des apparences* publié chez Odile Jacob en 2002, suivi de *La clé du destin* en 2006. Ses théories ont fait évoluer la pensée des sociologues en cette matière.

l'histoire de son fils Romain qui était obsédé par les femmes, malgré lui. Il cite une fameuse expérience établissant qu'un rapport de 0,71 entre le tour de taille et le tour de hanche est idéal chez les femmes selon les hommes. Cela signifie une taille de 64 centimètres pour un tour de hanche de 90. Certains scientifiques estiment que de telles proportions sont les plus attractives, car elles témoigneraient de l'excellent état de santé et de la fertilité de la partenaire, en plus de sa qualité génétique. Le summum de l'attractivité.

D'un point de vue analytique, la personne qui cherche à séduire voit son comportement changer. Elle devient plus *sexy*. De même que le dicton dit que « les goûts et les couleurs, ça ne se discute pas », le qualificatif *sexy* pour l'apparence physique peut avoir une signification différente d'une personne à l'autre. Certains traits fondamentaux sont cependant communément partagés : le terme *sexy* est souvent lié à l'apparence que donne la personne par son habillement, ses vêtements, ses accessoires. Il convient de remarquer que ce n'est pas le vêtement en lui-même qui est *sexy*, c'est la façon dont on le porte lorsqu'on veut attirer le regard de quelqu'un. Être *sexy*, c'est mettre ses formes en valeur : par l'usage du contraste, par une forme de suggestion ou par une révélation qui démontre un charme en particulier.

Dans tous les cas de contexte de séduction, il s'agit de promouvoir certaines parties du corps tout en les cachant à demi ou d'attirer l'attention et le désir à partir d'un détail esthétique. Les chaussures à talons hauts illustrent parfaitement ce phénomène. La femme qui décide de passer du jour au lendemain d'une paire de chaussures sport à des talons hauts va modifier sa démarche et afficher une attitude toute différente face aux hommes. Elle va devoir changer de rythme, de déhanchement, et c'est toute sa façon d'être et de se comporter, de se propulser dans l'espace qui contribue à changer l'image que les autres se font d'elle au premier regard. Le galbe de la jambe, la forme sculptée du mollet et même la proéminence des fesses en seront rehaussés : le regard masculin ne pourra pas résister. Être séducteur ou séductrice aujourd'hui, c'est cela : se donner la liberté d'essayer tout ce qui est disponible pour mettre en valeur la féminité ou la virilité propre à chacun. La personne qui, au premier regard, vous amuse va devenir votre muse… Elle va vous inspirer des émotions de plus en plus fortes pendant le processus de séduction.

CULTIVER LA SÉDUCTION

Sous les feux des projecteurs, un nouveau couple va pétiller d'une énergie palpable tout en oubliant totalement le regard des autres. Les femmes et les hommes qui tentent ainsi d'entrer en séduction vivent dans une bulle magnifique. Pensent-ils alors qu'ils ont un devoir commun, celui de rester vrais ? À jouer de la surenchère, les individus qui entrent ainsi en relation de façon superficielle, d'abord, démarrent-ils sur des bases fragiles leur nouvelle relation ? Il convient de remettre en question certains comportements exagérés qui frôlent la mise en scène théâtrale.

> *Je voulais une femme qui assume pleinement sa féminité. Lorsque je l'ai vue s'approcher de moi, j'ai tout de suite compris qu'elle était la femme de ma vie. J'ai eu envie d'elle au premier regard.*

Le coup de foudre se déploie en trois mouvements, de façon quasi universelle :

- La séduction fait en sorte que l'autre personne est toujours présente à notre pensée, elle nous apparaît sans défaut et son intérêt nourri nous permet de croire que l'attraction est réciproque.
- Parallèlement à ce jeu, nos émotions se mettent à fluctuer entre l'admiration et la crainte de dire ou de faire quelque chose qui compromettrait cette attirance, car les nouveaux amoureux veulent par-dessus tout prolonger le plus longtemps possible ce désir de plaire.

- Les hormones euphoriques, les phéromones en particulier, cultivent ces conditions qui permettent de faire évoluer la relation du premier regard au sourire engageant, du dialogue léger jusqu'au premier contact physique, puis se développer en crescendo en nourrissant l'attirance des corps qui cherchent à fusionner.

Plusieurs personnes deviennent des accros à cette phase précise de l'amour, car l'excitation hormonale crée une sorte de dépendance. Connaissez-vous des hommes et des femmes qui ont la réputation d'être des séducteurs naturels ? Ils et elles investissent seulement dans cette antichambre de l'amour sans jamais oser vivre la phase suivante. Les séducteurs professionnels, hommes ou femmes, ne souhaitent pas établir une relation à long terme avec leur nouveau partenaire : ils aiment trop le jeu de la séduction parce que leur côté narcissique s'y complaît. Ils n'aiment pas ou n'arrivent pas à se montrer tels qu'ils sont devant l'autre et, dès que les feux d'artifice retombent, généralement après la première relation sexuelle, ils changent de partenaire. Les sensations prennent le pas sur les sentiments et l'attachement n'a pas lieu. Ils vont obtenir les faveurs de la personne séduite puis s'en séparer, occasionnant un sentiment d'échec et d'incompréhension chez l'autre.

Cette belle auréole qui coiffe les personnes en état de séduction est fragile et elle réclame de l'authenticité, de la confiance, de l'exclusivité pour déboucher naturellement sur les premiers contacts physiques. On fait l'amour parce que sont réunies toutes ces conditions préalables. Plusieurs personnes demeurent profondément blessées lorsque l'amant ou l'amante fuit sans même laisser à l'amour le temps de s'enraciner. La confiance en soi sera meurtrie et il faudra beaucoup plus de patience et de compréhension à toute autre personne pour se faire accepter dans une relation durable par la suite.

Il semble pertinent d'encourager les personnes seules à se poser des questions sur leur attitude à cette phase de la relation.

Pour qu'un attachement amoureux véritable devienne possible, les personnes qui entrent en relation doivent prendre le temps de s'apprivoiser, par les activités romantiques et sociales, puis dans l'intimité. Elles doivent cultiver leur admiration réciproque, cette curiosité essentielle afin de découvrir qui est vraiment l'autre, même si on a alors tendance à ne voir que le bon côté de la personnalité de celui-ci. C'est là que la capacité d'être vrai, de parler de soi avec cohérence, sans masquer les défauts qui viendront rapidement se superposer à la première impression, prendra toute son importance.

D'autres caractéristiques contribuent à réunir les deux personnes qui vivent des sentiments d'attirance : ce sont d'abord l'enthousiasme puis la disponibilité. Il faut accepter d'entrer dans la relation sans constamment jouer avec les commandes : un pied sur le frein et un pied sur l'accélérateur ne feront pas rouler votre amour bien loin. Après de longues périodes de célibat, le nouveau couple a parfois du mal à s'affranchir de l'habitude de s'autosuffire. L'amour a besoin d'être cultivé, de vivre une sorte de période d'incubation où les deux partenaires partagent ouvertement, abandonnant leur carapace ou baissant leur masque progressivement afin de créer le réchauffement climatique et de le favoriser au maximum. Les tiers comprennent généralement que vous êtes dans votre bulle et ils respecteront cette convention si vous leur en donnez le signal. Les deux amoureux ont intérêt à couver cette relation ensemble, en se rendant disponibles, en se dégageant des contraintes du quotidien ou de la profession et en multipliant les expériences romanesques. Mais si l'oxygène n'entre pas dans cette bulle, vous allez manquer d'air ! Les relations en vase clos peuvent devenir rapidement toxiques. Être séduit ne signifie pas devenir prisonnier ou dépendant[2] de l'autre.

---

2. Lire *Accros à l'amour. Sommes-nous tous des dépendants affectifs ?*, par Dolly Demitro, paru aux Éditions de l'Homme en 2008.

> *Dès que je m'éloigne de lui, je me sens vide et inutile; on dirait que le temps s'étire… Puis, le téléphone sonne: c'est lui! Il me dit simplement qu'il pense à moi et me propose un rendez-vous. Mon cœur se remet à battre comme par magie. Est-ce ça, de la dépendance affective?*

La période qui s'amorce avec la première relation sexuelle va venir prolonger, stabiliser la relation entre deux personnes qui se sont choisies et reconnues comme formant un nouveau couple. La séduction se transforme en lune de miel. Les sentiments vont s'approfondir en ajoutant des valeurs nouvelles au rapport amoureux: chacun va reprendre son identité et évoluer sans sécrétions hormonales. Le jeu de la séduction a permis l'envolée et il faut que le couple poursuive sa course sans ce carburant de mise à feu. Accorder à l'autre de la confiance, de la sincérité, de la fidélité viendra à mesure que vous vous connaîtrez mieux. Par la suite, le couple définit sa destination, il grandit et se développe: outre la complicité, le couple peut aussi s'élever sur le plan de la spiritualité. Ces étapes conduisent à un amour exploratoire, dont la durée sera de quelques mois ou de quelques années, pendant lesquels le couple a souvent l'impression de vivre une passion pétillante, qui commande tous les compromis possibles sans effort. La réciprocité, la souplesse et le dialogue servent alors de lien entre les célibataires devenus amants.

C'est durant cette période lune de miel que l'on planifie les premières expériences communes, intégrant d'abord le désir de s'engager, ensuite celui de cohabiter, puis le choix de s'investir dans des projets familiaux qui évoluent dans le cadre des échanges amoureux. Les premiers pièges de la relation s'y cachent parfois comme un éléphant dans le salon: des attentes irréalistes, de la communication déficiente, des modèles de couple importés des autres finissent par faire des partenaires de nouveaux ennemis. Agir trop tôt, présumer de l'accord de l'autre ou imposer à l'autre ses choix sans tenir compte de son consentement est une forme de détournement, de manipulation des objectifs. Il y a un piège là-dessous ! À trop vouloir fusionner, le couple risque d'oublier que la relation équilibrée se vit à trois, avec de l'espace pour chacun. Il y a toi, il y a moi et il y a notre relation, au centre de nous deux, dans laquelle nous investissons passionnément le meilleur de nous-mêmes sans qu'il ne s'agisse ici d'un sacrifice.

UTILISER LES CODES MASCULINS/FÉMININS

La projection mentale de l'amour et de la vie en couple que se font les femmes est bien différente de celle que les hommes cultivent, et vice versa. Les contes de fées, le cinéma et la culture romanesque ont façonné l'imaginaire des adolescents pour fixer une sorte de modèle parfait. Lorsque le prince charmant se présente dans la réalité, il arrive que l'aspect terre à terre de l'homme moderne « tel qu'il est » produise une sorte de réaction négative chez les filles. Aucun homme ne peut répondre à leurs attentes, car le surhomme n'a pas encore été inventé : il est trop ordinaire, humain quoi ! Et les gars qui rentrent de leur journée de travail sont aussi déçus que leur image de la femme coiffée, maquillée, disponible nuit et jour se soit soudainement transformée en femme de tous les jours, souvent épuisée, se plaignant des irritants qui meublent la vraie vie. Les hommes déchantent en se disant : « C'est bien compliqué, une femme ! » Des chercheurs ont prouvé que les femmes pensent continuellement à trois ou quatre choses à la fois, alors que les hommes se concentrent sur une ou deux. Lorsque les femmes admettent qu'elles sont plus compliquées, les relations deviennent plus simples.

> *Moi, je voulais une femme à l'allure sportive, avec une bouche sensuelle, une forte poitrine, de longues jambes, des hanches rondes et une taille fine, des beaux yeux, des cheveux longs… Annabelle me semble une sorcière à côté de cette description, mais elle est une épouse et une mère formidable. Je crois que mon fantasme, s'il s'était réalisé, aurait été une erreur.*

Les femmes-objets n'ont pas été créées en série! Même si vous rencontrez une femme exceptionnellement belle, elle demeure une personne humaine comme n'importe quelle autre femme. L'image qu'on se fait de Marie, ce modèle maternel, n'est pas dépourvue de la beauté et donc Marie peut aussi être sensuelle et sexuée. Le corps n'est pas figé. Le temps et les expériences le changent, c'est inévitable. Les femmes ont tendance à regarder le petit détail qui les empêche de se sentir désirables, alors que les hommes ne posent pas du tout le regard sur cet aspect. Ils aiment la femme dans son ensemble. Ils la désirent dans l'instant présent. Les hommes peuvent s'améliorer en devenant plus sentimentaux dans ce rapprochement physique, tandis que les femmes y gagnent à oublier de quoi elles ont l'air pour rester dans le présent, complètement branchées à leurs sensations.

L'éducation des filles et des garçons repose sur des bases différentes, mais, malheureusement, personne n'en parle. Lorsqu'on demande aux femmes de décrire l'homme avec qui elles aimeraient passer leur vie, la description des qualités devient plus précise: les femmes recherchent un homme qui a de la personnalité, de l'humour, de la sensibilité, de l'intelligence et un physique avantageux.

Les hommes décrivent d'autres attentes vis-à-vis du modèle de femme appelée à devenir leur compagne de vie: une forte personnalité, un physique séduisant, de l'intelligence, de l'humour et de l'écoute. L'ordre dans lequel ces qualités interviennent est aussi important que leur description: la séduction avec une personne désavantagée par la vie, homme ou femme, sera plus ardue, car on devra trouver la beauté intérieure et apprendre à reconnaître l'autre au-delà de son apparence.

À CHACUN SON LANGAGE

Un gars, c'est un gars! Une fille, c'est une fille! Admettons franchement qu'on est différents! Il faut assumer les parties féminine et masculine qui cohabitent en soi et accepter que l'autre soit aussi construit d'un dosage unique de masculin et de féminin. Chacun cherche un partenaire vrai et complet qui accepte et valorise l'autre tout en demeurant ce qu'il est par nature. Faut-il se dire et se redire souvent que l'autre ne va jamais combler nos vides intérieurs? Chacun est maître de son bonheur, c'est votre responsabilité de trouver ce qui vous rend heureux. Votre partenaire est la cerise sur votre gâteau, ce qui implique que vous êtes bien conscient et consciente de votre propre valeur. Nous sommes plus beaux ensemble, mais notre valeur n'en est pas moins réelle en tant que personne complète et autonome.

> J'ai pensé m'acheter une tenue de nuit plus sexy, pour changer un peu l'ambiance de nos rencontres amoureuses. Mais j'ai réfléchi à ce que tu aurais dit: c'est de l'argent jeté par les fenêtres, car notre budget est serré. Ça m'a fait hésiter… Malgré tout, j'ai quand même tenu à te surprendre, parce que je t'aime. Tu sais, j'aime tellement être coquette et coquine. On a tous droit à une petite folie, n'est-ce pas?

Avoir des attentions délicates, apprécier un talent ou souligner un succès, une trouvaille au retour d'une tournée de magasinage: c'est le côté féminin qui s'exprime. Décider en toute connaissance de cause d'acheter une maison, changer la voiture, passer des heures à bricoler au garage: c'est le côté masculin. Il faut honnêtement reconnaître que ces stéréotypes nous caractérisent et les assumer. En parler fait partie de la découverte des attentes, des caractéristiques de l'autre. C'est une partie du travail de rapprochement qu'il faut faire parfois, chaque fois, tout le temps, en fait. L'autre ne va pas changer, parce qu'il est tel qu'il est. Dans les couples trop fusionnels, l'un veut transformer l'autre en vraie femme ou en vrai homme. Lorsque homme et femme se reconnaissent le droit d'être «tel que leur programmation génétique» le leur a imposé, c'est un jeu de pendule amusant qui commence. Le gars peut être vraiment gars lorsqu'il parle de ce qui l'intéresse, puis il apprend à écouter la fille. Elle qui aime parler de ce qui la préoccupe en tant que fille. Il y a deux univers qui se rencontrent alors. Pas de neutralité, pas de relation androgyne, simplement la nécessité d'accepter son genre et tout ce qui vient avec lui.

Lorsqu'un gars se confie puis s'intéresse avec passion à ce qui fait briller les yeux de la fille, il en résulte un plaisir non mesurable mais réel. La confrontation continuelle qui se vit dans certains couples est destructrice. Si l'un prend toute la place, une femme contrôlante, par exemple, l'autre se tait, se sent frustré, se voit réduit à une marionnette. Cette interaction inégale va rendre impossible pour l'autre de se positionner dans son espace vital masculin/féminin. Les couples homosexuels vivent également cette polarisation : chacun a un côté plus développé.

Il est utile ici de prendre connaissance d'une notion intéressante que vous auriez intérêt à comprendre pour mieux apprécier la personnalité de votre partenaire de vie. Saviez-vous que vous avez en vous un pourcentage mixte des caractéristiques homme/femme ? Selon Jung, cette dualité s'appelle l'*anima* et l'*animus*. L'**anima** est le côté féminin qui se trouve naturellement chez l'homme. Son pendant chez la femme se nomme l'**animus**. Ces manifestations de la cohabitation sont présentes autant chez l'homme que chez la femme. En chacun de nous, il y a 2 % ou 20 % de l'autre personnalité et cela se manifeste tout au long de la vie. Anima et animus sont projetés d'abord sur le parent du sexe opposé, puis sur les personnes rencontrées dans sa vie d'adulte. La femme compte des zones masculines innées qui sont présentes en elle et se manifesteront d'instinct dans certaines circonstances. Une zone de son cerveau est activée lorsque la nécessité se fait sentir. Prenons l'exemple d'un couple dont l'un des deux décède. Si c'est la femme qui se retrouve seule, elle pourrait assumer les rôles de son défunt mari et se gouverner seule en réveillant son sens des responsabilités ; si c'est l'homme, il pourrait prendre à sa charge de nouveaux aspects de la gestion familiale au quotidien et aussi s'investir davantage dans les relations parentales. Un homme très anima va être attiré par une femme très animus et composer un couple en harmonie. Toutes les combinaisons se retrouvent dans la pratique.

Pour décrire en quelques mots ce qui fait la différence entre l'homme et la femme à ce point de vue, disons que l'**anima** est parfois évident lorsque les humeurs et les caprices, donc l'irrationnel, se retrouvent chez l'homme. L'**animus**, lui, est la source d'opinions tranchées, de décisions sans appel, de revirement d'opinion du tout au tout. La dualité des comportements stéréotypés prête souvent à confusion. Dans un couple, lorsque l'on ignore les comportements ambivalents, on serait porté à conclure que les hommes et les femmes ne pourront jamais s'entendre, qu'ils parlent des langages différents. Comme anima et animus cohabitent en chacun de nous sans que la guerre éclate, vos tendances féminines et masculines peuvent tout aussi bien cohabiter dans le couple. En replongeant dans certains souvenirs du passé, il est même possible d'en retrouver des traces : la bouderie répétitive, les colères spontanées, la peur récurrente d'être rejeté ou abandonné, la manipulation de l'autre et la promptitude à juger les autres.

Assez fréquemment, les circonstances vont nous amener à activer notre anima ou notre animus pour survivre, pour rester en équilibre, pour exprimer une passion très forte. Mais il n'est pas nécessaire de vivre un choc pour reconnaître cette propension : il suffit d'observer simplement. Vous arrive-t-il de réagir par instinct face à une situation précise ? Les garçons qui aiment recevoir des compliments, par exemple… Les filles qui se passionnent pour la mécanique automobile ont libéré leur anima/animus et savent l'exprimer sans gêne. Ce n'est pas le cas pour tout le monde.

Les conflits de couples prennent parfois naissance en raison de ce drôle de mélange des genres. Comment accepter son côté féminin, en tant qu'homme ? Et pour une femme, comment prendre conscience de ses comportements plutôt machos ? Ce pourcentage comportemental est, la plupart du temps, occulté. Il reste pourtant très présent, même s'il ne se comptabilise pas facilement. Il est parfois dissimulé dans des paroles, dans la façon de décider ou même dans le langage non verbal.

La cohabitation de cette zone anima/animus avec cette autre partie de soi qui représente notre genre masculin/féminin emprunte des caractéristiques de l'autre sexe que l'on renie le plus souvent. C'est une étape décisive de la connaissance de soi que de s'accepter comme tel, même si la reconnaissance de cet héritage inconscient génère des angoisses et des confrontations. En prendre conscience, en parler avec son partenaire de vie, permet une intégration plus simple et harmonieuse des différences que certains qualifient de contre-nature. Rien de plus merveilleux que de partager ces incursions dans l'autre typologie et de les voir sans créer d'imbroglios ou de remises en question. Ces comportements demeurent totalement inconscients jusqu'à ce que l'on se permette de reconnaître qu'un peu de masculin rend les femmes plus volontaires et un peu de féminin permet aux hommes de laisser leur fantaisie s'exprimer. Tous les couples, qu'ils soient homosexuels ou hétérosexuels, vivent cette polarité qui permet à chacun d'exprimer son individualité propre. Anima et animus permettent une vision équilibrée, axée autant sur le moment présent et la survie immédiate (plutôt masculin) que sur la planification globale et le long terme du couple (plutôt féminin), lorsqu'ils sont bien synchronisés.

Lorsque je me blottis dans ses bras, j'ai parfois l'impression que je me soumets à lui et que cette soumission totale, cet abandon, est une preuve de faiblesse. Je crois que c'est mon animus qui crée cette peur de me laisser aller, comme si je perdais de ma capacité de m'organiser seule, de me défendre seule, de m'assumer. Mes réticences ont une histoire. Elles me ramènent à ma relation avec mon père en qui je n'avais pas totalement confiance. Il ne me prenait jamais dans ses bras. Aujourd'hui, j'ai pris conscience de cette dualité et j'ai appris à me laisser aller à la tendresse avec Andrew sans me sentir affaiblie.

Parfois, les comportements sont contradictoires et on cherche à comprendre pourquoi l'autre agit ou pense de telle façon. Ce sont les observations qui parlent; parfois ce sont les émotions qui prennent le dessus et parfois c'est simplement le cœur... Lorsque la parole aura atteint ses limites, le corps décrira encore ce que l'on veut exprimer. Femmes et hommes s'expriment à leur façon et leur langage verbal ou non verbal joue un grand rôle dans le processus de la communication. Le même mot n'a pas la même définition dans deux contextes différents. Trop ou pas assez de mots décodables par les deux peuvent brouiller les ondes. Le langage commun se développe petit à petit, dans l'écoute active, cet exercice de reformulation qui permet de s'écouter pour mieux se comprendre.

PERDRE LA TÊTE, ENCORE ET TOUJOURS

L'amour fou nous fait perdre la tête, le contrôle de nos émotions, la rationalité: on retombe cruellement au sol et la routine nous ramène à l'essentiel. Trop banal! Les partenaires enflammés d'hier se replient et oublient de cultiver la flamme. La soupe se met à refroidir et chacun finit par détester la répétition quotidienne des mêmes gestes aux mêmes endroits. Les querelles sont souvent reliées à cette platitude qui ne ressemble à rien de ce que l'on avait imaginé. Bienheureux les couples qui, voyant cela, se choisissent chaque matin en amenant l'autre à perdre la tête chaque soir lors des retrouvailles! Ils ont compris que l'amour se nourrit de fantaisie et de romantisme, de rêves et de projets pour mieux continuer à se séduire.

Cette capacité de rendre le couple vivant tous les jours n'est pas simple. La création d'un couple durable ressemble davantage à une grande mascarade, à une duperie, à une utopie sans cette magie du renouvellement. Tel qu'en fait le marketing actuellement, je suis d'avis que l'amour romantique est exploité; on en a fait un mythe lucratif pour mousser la consommation. Séduire incite les adultes à consommer des biens et des services pour plaire, rester jeunes, se valoriser, mais dès que l'objectif est atteint, la société laisse tomber les couples qui s'isolent et dépérissent. On s'ennuie vite du beau temps de la jeunesse, et la tentation de redevenir un séducteur se pointe. On pense que l'herbe est toujours plus verte chez le voisin... L'apparence du «paradis terrestre» est-elle plus importante que son authenticité? Au lieu de se comporter comme des personnes fières de vivre en couple, de s'être rangées, de partager de nouvelles valeurs, les couples qui s'ennuient du célibat se fanent, se languissent, se cherchent des dérivatifs. Faute de bulles, le champagne est devenu insipide.

Chez l'autre, qu'est-ce qui m'a attiré? Son physique, sa détermination, ses qualités de cœur... sans maquillage. Or la phase de séduction est une opportunité pour tout se dire et pour prendre conscience de la valeur de l'autre. Dans l'idéal, la séduction heureuse est une expérience exceptionnelle qui repose sur des prémices individuelles: la rencontre de deux adultes autonomes, qui se connaissent progressivement et apprennent à s'apprécier, sans cultiver les illusions, en vue de s'épanouir ensemble. Séduire est un acte de conquête et d'affirmation. Le véritable test de la relation, c'est de marcher côte à côte, de rêver à deux pour mieux construire une complicité unique.

C'est d'autant plus agréable de vivre cette exploration complice que l'amour nous fait rayonner, nous embellit, surtout si on arrive à rester soi-même. L'impression de grandir en amour remplace celle du coup de foudre qui nous jette par terre. C'est le contexte idéal pour tout se dire. Refuser la routine, la grisaille, proposer du renouveau et se conquérir avec ingéniosité, voilà un défi incomparable.

Ma recette de croissance la plus simple est celle des trois: je me donne trois minutes, trois fois par jour pour parler de mes émotions et de mes attentes. Je garde toujours éveillée ma conscience que l'autre est précieux pour moi, et je prends trois minutes, trois fois par jour, pour le lui dire, l'exprimer par un geste. Enfin, à tous les trois jours, je fais quelque chose que je n'ai encore jamais fait pour lui montrer que je l'aime. Tous les deux, nous faisons notre règle de trois et la routine s'envole. Ainsi, l'oxygène circule en abondance et le champagne se remet à pétiller.

La meilleure attitude pour créer de l'imprévu dans le couple est de m'ouvrir à l'autre dans un moment favorable et de parler de mes expériences malheureuses ou heureuses. Ce que nous aimons, nous le réinventons, et ce qui nous déplaît, nous faisons tout pour qu'il ne se reproduise pas.

> *Je me sens mieux, plus sereine, après avoir osé dire à Jean-Philippe que je n'aime pas me sentir obligée de faire le souper toujours à la même heure. Moi, lorsque je rentre, j'aime m'arrêter un peu, faire une pause avant de penser à manger. Lorsqu'il arrive, nous faisons le souper ensemble et cela devient une source de complicité. Je détestais revoir mon père s'installer pour manger sans avoir dit un seul mot gentil à personne. Moi, je veux célébrer le repas du soir comme s'il s'agissait d'un tête-à-tête et non d'une obligation. C'est bien meilleur ainsi...*

Une fois la complicité établie, le ton peut alors se prêter aux échanges et aux révélations. Lui avouer que vous aimez la musique western… ou votre chanson quétaine préférée, c'est entrouvrir la porte pour d'autres aveux. Et si, malgré votre bonne volonté, il vous arrive encore des pannes de communication, osez aborder la question. Les voyageurs qui partent pour un week-end n'apportent pas dans leur bagage les mêmes choses que s'ils désirent faire un grand voyage à deux. Il y a plusieurs outils pour vous accompagner tout au long de votre parcours. Étonnez-vous et soyez jeunes de cœur en oubliant ce que les autres peuvent penser ou dire. Perdre la tête ensemble, c'est ce que je souhaite à tous les couples qui veulent redevenir vivants.

«ON PEUT AUSSI BÂTIR QUELQUE CHOSE DE BEAU AVEC LES PIERRES
QUI ENTRAVENT LE CHEMIN.»

- Prendre le temps de préciser quelles sont nos attentes réalistes avant d'aborder un nouveau partenaire.

- Se présenter à la première rencontre sans transporter avec soi des images surfaites de la relation romantique.

- Écrire une description de soi et demander à l'autre de faire de même afin que le premier tête-à-tête soit alimenté par un souci d'être vrai.

- Engager le dialogue en vous libérant des expériences passées, car les échecs que vous avez subis peuvent fausser votre regard sur l'autre.

- Offrir à l'autre la droiture de votre regard et exprimer vos sentiments. Rien ne sert de maquiller la réalité, car tôt ou tard les masques devront tomber.

- Prendre le temps de vivre les étapes de l'apprivoisement sans précipitation, en se redisant que Rome ne s'est pas construite en un jour.

- Identifier certains stéréotypes qui teintent vos comportements et, sur un ton plus léger, en parler à votre partenaire. Après tout, un gars est un gars ! Une fille reste une fille ! Pour éviter des frustrations bien inutiles, pourquoi ne pas en rire ensemble ?

- Accorder de l'intérêt à vos échanges et de la légèreté à votre attitude afin de rester dans l'ambiance d'une interaction qui en vaut la peine, sans dramatiser tout ce qui survient. Après tout, vous êtes deux adultes qui souhaitent s'apporter quelque chose et qui prennent le temps de le découvrir ensemble, sans urgence, pour mieux savourer chacune des petites conquêtes.

- Tourner vos regards vers le futur : ce qu'on peut faire ensemble demain a beaucoup plus d'importance que de passer des heures à dresser la liste de vos échecs passés.

- Trouver chez l'autre toutes les choses qui vous plaisent au premier abord puis, pour bien vous les rappeler, écrire ces raisons pour les relire, au temps où la phase de séduction et la lune de miel prendront fin. Il est possible que ces états vous aident à cultiver la spécificité de votre partenaire et à garder plus vive la flamme de votre couple, au fil des années.

- Rester soi-même et croire à l'amour partagé, c'est tendre vers l'autre un miroir où il pourra plus facilement se reconnaître ; «Tu es toi et je suis moi» dans une relation où le «nous» ne nous met jamais à genoux (je-nous).

- Oser demander aux couples heureux de votre entourage comment ils se sont rencontrés et ce qui a été le plus révélateur de leurs affinités profondes. Est-ce que ce «petit quelque chose» a été au cœur de leur attachement ? Ils pourraient aussi vous confier des petits trucs, vous inspirer !

Chapitre 3
Mots pour maux

Tout est dans la façon de s'exprimer.
Les mal-à-dire deviendront des maladies
si je n'arrive pas à rester intègre.

LA COMMUNICATION À DEUX

Lorsque l'étape de la séduction connaît une première usure, au fil des premiers mois d'une vie qu'on a choisi de partager, le climat change. Sans le savoir, nous sommes en train de stabiliser nos projets de vie. C'est l'occasion pour les hommes et les femmes de mesurer leurs pouvoirs, d'organiser les zones respectives de ce royaume partagé en trois : deux personnes et une relation. C'est souvent imperceptible et surtout incontournable comme transition. Les conjoints se sont si bien apprivoisés qu'ils commencent peu à peu à penser pour l'autre, à parler pour l'autre, à deviner plutôt que de consulter l'autre. Les détours et les raccourcis ne font pas nécessairement bon ménage.

> *Il aime le sushi… c'est parfait le jeudi soir. Nos jeudis seront désormais tellement agréables. «Nathalie agit par amour, bien évidemment», se dit Christian.*
>
> *Sa fleur préférée est la rose jaune, alors… il y aura toujours une rose jaune à chaque belle occasion de lui montrer que je l'aime. «Christian agit par amour», se dit Nathalie.*

Comment de délicates attentions, trop souvent répétées, en arrivent-elles à devenir ternes? La surprise fait partie des émotions qu'il faut cultiver pour chasser l'ennui. Et les exemples sont encore plus marquants lorsqu'il s'agit de se parler. Des mots excitants, remplis de sensualité, se perdent dans le vent, et c'est d'un ton banal qu'il vous invite à aller dormir… Même votre «Je t'aime» manque de spontanéité. Les automatismes n'aiment pas la créativité : ils préfèrent tout peindre en gris.

Que s'est-il donc passé en quelques mois ou en quelques années ? On reproduit des séquences de comportement et la quotidienneté des rapports crée ce qu'on appelle tristement la routine. Pourquoi est-ce si difficile de s'adapter sans que ces accommodements, qui sont inévitables, ne transforment la passion du début en habitude ? Pourquoi mes affirmations deviennent-elles des luttes de pouvoir ? La relation entre moi, lui et notre couple s'enracine dans un sol qui s'épuise rapidement si on n'ajoute pas de fertilisant en abondance. La magie peut-elle survivre au passage du temps ? Si nous faisons des efforts pour faire durer la séduction et alimenter la passion, est-ce que nous réussirons à garder l'amour toujours vivant ? Toutes ces questions mettent un seul outil en action : la communication. Souvent les femmes le constatent en premier avec un brin de nostalgie : «Te souviens-tu de notre premier rendez-vous… Tu étais tellement… attentif et déjà amoureux. J'ai vu en toi l'amant dont j'avais toujours rêvé.» Pas surprenant d'apprendre que les femmes prennent généralement l'initiative de secouer la léthargie du couple, car elles semblent plus vigilantes aux menaces d'asphyxie de la vie à deux.

Les hommes entrent dans cette phase de stabilité avec le sentiment d'y être confortables. Ils retrouvent leur rôle traditionnel et s'en voient valorisés d'emblée. Les hommes aiment chasser et protéger ceux qu'ils aiment tout en cultivant un certain espace de liberté de mouvements. Autant ils réagiront à l'idée d'acheter une maison et de fonder un foyer parce que cela les engage directement, autant, lorsque ces décisions sont assumées, elles mènent au confort, à un certain nombre d'acquis inconscients.

Ils s'endorment le sourire béat et ils s'étonnent que les femmes exigent à la fois le prince charmant et le décor qui l'accompagne. Les échanges masculins passent moins bien alors. «Pourquoi est-elle si exigeante ? Elle sait bien que je l'aime puisque j'ai fait tout ça pour elle !»

Les discussions qui doivent alors se faire dans un climat posé sont de la plus grande importance. Je suggère fortement de le faire le matin, car c'est le meilleur moment pour les conversations intimes. L'énergie est alors plus positive. Chacun doit exprimer son point de vue, et l'écoute des arguments de l'autre doit amener une clarification ainsi que des décisions par consensus. Homme et femme s'investissent autant dans l'aventure commune et ni l'un ni l'autre ne doit revendiquer le fait d'avoir acheté la vie à deux pour plaire à l'autre. Cela signifierait que quelqu'un est redevable à l'autre pour une foule de décisions. C'est le premier test de synchronisation du couple. Il est important de le vivre à l'abri des opinions extérieures : les belles-familles, les amis, les enfants et les ex-conjoints n'y ont pas leur place.

> *Jim est mon copain depuis six mois. Je ne suis pas encore certaine que notre relation a un avenir ; il hésite à s'engager alors que, moi, je l'apprécie et je me sens prête à partager sa vie, sans réserve. J'hésite même à lui présenter ma famille et mes deux enfants. J'ai peur qu'il se sente bousculé par mes intentions. De son côté, il a une ex assez possessive et je comprends que cela lui fait craindre une nouvelle relation. J'attends un signe, mais il ne semble pas tenir compte de mes attentes. On s'aime, mais pour combien de temps ? J'ai peur de gaffer en abordant le sujet directement...*

Les assises même de votre relation de couple reposeront sur des bases respectueuses si vous arrivez à exprimer votre point de vue sans chercher à être complaisant, sans masquer vos arguments et sans utiliser de faux-fuyants. C'est de l'intégrité. Ce serait tellement simple si un petit voyant lumineux s'allumait sur notre tableau de bord dès que nous nous détournons de cette logique en matière de communication. Mais voilà, on décolle dans une grande discussion sans même réchauffer le système. On fait tourner les moteurs au maximum sans tester les instruments de la communication : se mettre à *ON* et se concentrer sur notre message est nécessaire. « Je pense que… ou j'aimerais clarifier tel aspect pour voir si on est sur la même longueur d'onde. »

L'autre va entendre ce message qui annonce le sujet, l'intention positive : « Ce n'est pas pour me blâmer, mais pour vérifier si on est d'accord à ce sujet. » L'écoute de l'autre par la suite sera ouverte afin de capter ses véritables messages. Que votre couple en soit à sa première envolée ou que vous ayez des milliers d'heures de vie à deux, il faut apprendre un truc phénoménal : pour voler, il faut choisir le temps favorable. Quel pilote serait assez fou pour sortir sous l'orage ou le blizzard ? Pour avoir de bons échanges, évitez de voler lorsque le temps s'annonce mauvais et attendez de pouvoir réchauffer vos instruments avant d'ouvrir les commandes. « Ce soir, j'aimerais qu'on prenne le temps de parler de notre relation. À moins que tu ne préfères qu'on déjeune ensemble demain, au resto, juste tous les deux pour être frais et dispos ? » La façon d'aborder la question sera plus ouverte si votre besoin commence par un « Je » et que votre attente laisse un choix à l'autre. Vous n'imposez pas la décision, mais vous introduisez le sujet qui nécessite toute votre attention. L'autre peut proposer une variante, mais il se rendra disponible à votre appel formulé clairement. Une phrase de sept à dix mots suffit à ouvrir le dialogue.

UNE MÉTHODE INFAILLIBLE…

Voici comment adopter, pour maintenant et toute votre vie, la méthode qui a sauvé des centaines de couples du naufrage. Il n'est pas question de compromis ni de chantage, et encore moins de soumission. Pour trouver des terrains d'entente, il convient d'établir une façon de dialoguer qui permet de discuter tout en restant égaux et respectueux l'un envers l'autre : cela s'appelle le consensus. Prenons l'exemple d'une décision de couple et mettons-la en contexte. L'un des grands stress de la vie à deux est celui d'acheter une maison ensemble. Le couple en question va bien, jusqu'ici du moins, le pensaient-ils. L'intention d'avoir des enfants convient aux deux partenaires, qui veulent s'y préparer au mieux. Il y a un consensus sur cette orientation. Ils vivent ensemble depuis quatre ans et ils s'aiment profondément. L'idée d'avoir une famille bien à eux les rend fous de joie et leur stabilité économique le leur permet. Mais Annie voudrait faire l'achat d'une maison tout de suite parce que leur bail de location va se terminer ; Alain aimerait mieux prendre un an de plus en appartement, quitte à faire cet achat seulement lorsqu'Annie sera enceinte. Annie exprime qu'elle sera très anxieuse si elle devient enceinte sans savoir ce qui les attend. Alain se sent bousculé parce que c'est une décision engageante à long terme. Chacun a son emploi et leur prévoyance leur a permis d'économiser 10 000 $ pour atteindre cet objectif. Cette somme est donc disponible pour un achat. La question est : pourquoi ne pas le faire maintenant ? Alain hésite et montre peu d'empressement, tandis qu'Annie considère cette décision comme importante pour bâtir le nid et se sentir chez elle au moment d'accueillir leur premier bébé. Le ton monte : malaise, querelle, frustration. Nos futurs parents se sentent au bord de l'abîme.

Ce couple peut et doit apprendre à discuter, puis à analyser et enfin à débattre afin d'en arriver à une décision qui conviendra aux deux. Pas question d'imposer une solution unidirectionnelle à l'autre. En l'absence d'un consensus, on pourra toujours s'entendre sur un fait important : « On est d'accord sur le fait qu'on ne s'accorde pas ! » Il suffit de chercher à comprendre ce qui les sépare d'un accord. Ici, le moment de procéder à l'achat fait obstacle : « tout de suite » souhaite Annie et « dans un an », argumente Alain. Une soirée de planification des budgets peut permettre de comparer la faisabilité maintenant ou dans 12 mois. En quoi le délai va-t-il changer les choses ? Les taux d'intérêt et l'état du marché sont-ils favorables ? Avec maturité et en évacuant les émotions dramatisées, la discussion peut évoluer. Lorsque des faits sont émis pour soutenir la prise de décision, le climat devient plus agréable. D'autres recherches, comme la démarche de faire approuver un dossier d'emprunt hypothécaire, peuvent aussi situer nos deux futurs parents en quête d'un morceau du consensus.

Les résultats obtenus pourront ensuite être appuyés par une recherche en périphérie. Quelles propriétés correspondraient au budget, au quartier le plus intéressant en regard des lieux de travail ? Ainsi, une autre étape pourra être franchie. Le couple n'a toujours pas pris de décision, mais les morceaux de la décision se mettent en place dans le dialogue. La liste des pour et des contre prend de la valeur et les deux partenaires s'emploient à documenter leur décision comme on le fait pour un projet d'importance. La démarche les rapproche et les rend plus conscients des enjeux.

Le mot **consensus** signifie que l'on s'est mis d'accord sur quelque chose, mais ne signifie pas nécessairement un accord total sur l'ensemble du sujet en cause ; les couples le savent, l'unanimité est un phénomène rare, donc très précieux. L'unanimité peut être atteinte, mais ce n'est certes pas un objectif : le consensus permet de faire la liste des différences de points de vue qui sont normales dans une relation de couple, au lieu de les ignorer ou de les amplifier. Les émotions contradictoires ont peu d'espace pour grandir, car le dialogue est orienté vers la possibilité d'agir ou de ne pas agir.

Ainsi, lors d'une décision consensuelle, il peut y avoir différents degrés d'accord et de nombreuses nuances, des étapes, au regard des engagements que les partenaires acceptent. L'issue de la décision n'est pas déterminée d'avance ; la discussion a lieu de façon intéressée, mais en évacuant les interprétations et la spéculation.

On s'accorde sur le procédé et aussi sur le moment de la discussion. Quand l'un des deux n'est pas confortable pour faire le second pas, il peut demander des accommodements raisonnables, mais pas indéfiniment, car la recherche d'un consensus est une démarche progressive. « Validons les informations bancaires puis les offres de propriétés à vendre dans le secteur convoité, et après, nous pourrons mieux faire des choix éclairés », ont déclaré Annie et Alain en se laissant le loisir de décider au bon moment, en toute connaissance de cause.

> *Après des mois de querelles, j'ai compris… Notre couple n'est pas un acquis : nous avons la possibilité de nous choisir à nouveau ou de nous divorcer chaque jour, chaque mois, chaque année. C'est une décision consensuelle qui demande une révision fréquente. Entre nous, je tiens à m'assurer que le consensus existe toujours. Ainsi, pas de malentendu !*

Donc, pour que le dialogue consensuel fonctionne bien, les deux adultes doivent reconnaître et accepter le pouvoir du couple de choisir ensemble. En travaillant ainsi, Annie et Alain se sont d'ailleurs dit : «Lorsque les enfants seront là, il se peut bien que cette méthode nous soit très précieuse…» Ils l'ont adoptée comme modèle de base pour tout ce qu'ils font ensemble, car ils acceptent que les décisions communes soient préparées avec attention par des travaux de recherche, des étapes comparatives et appuyées par des rapports humains constructifs.

L'une des conditions de succès de cette approche, c'est de ne pas mêler les sentiments déjà ressentis et formulés aux décisions qui sont à prendre. Lorsque Annie parle, c'est sa pensée ; mais sa pensée, ce n'est pas elle. Le point de vue d'Alain n'est pas Alain. Il est important de faire la distinction entre le message et le messager. Si les deux se confondent, les interférences se feront de plus en plus sentir. Alain veut des enfants et il veut aussi une maison. Le message qu'il a envoyé à Annie était clair : «Je ne me sens pas prêt tout de suite.» La réaction instantanée de sa partenaire a été faussée par les émotions et elle a cru qu'il remettait tout en question : leur amour, leur désir d'avoir des enfants et leur intention de bâtir leur nid. Elle s'est demandé si le messager était un partenaire digne de confiance puisqu'il semblait hésiter à s'engager.

De son point de vue, Alain s'est demandé pourquoi Annie voulait une maison tout de suite. Elle n'est pas encore enceinte et donc rien ne presse. À la limite, il envisage d'acheter une maison juste avant l'accouchement et cela lui paraît raisonnable. Pourquoi Annie est-elle si pressée ? Quel est son message ? Comme toutes les futures mères, elle recherche de la sécurité. Alain décode qu'elle veut le bousculer, mais alors il a tendance à se braquer et à rester sur ses positions. Les freins d'Alain annulent les efforts d'Annie de faire avancer leur projet. Après quelques semaines de travail en consensus, ils ont tout en main pour prendre une décision sans que les fausses émotions ne les fassent se tourner dos à dos. Le consensus sur l'achat de leur future maison est là, sur la table devant eux. Ils sont fiers de leur attitude positive. Ils ont appris à se respecter même lorsque leurs points de vue sont différents.

Au fil de la discussion, le fait de ne pas s'identifier seulement à ses propres idées aide énormément, en se rappelant ceci : « Mes idées ne sont pas les miennes si le couple les adopte par consensus : elles sont les nôtres ! »

Pour rendre cette technique facile d'accès, posez-vous d'abord la question : quels sont les besoins en jeu ? Quelles sont les solutions qui peuvent apporter la réponse à ces besoins ? Le même besoin peut-il être satisfait de différentes façons ? Pouvez-vous faire une liste de nombreuses solutions pour un même problème ? Si on fait une fixation sur certaines idées, il devient impossible de négocier de façon constructive sur l'ensemble du problème. L'explorer calmement fait partie… des solutions !

La méthode du consensus est en fait un processus de gestion constructive et non violente des conflits. Dès qu'il y a une frustration, une irritation ou une préoccupation de l'un par rapport à l'autre, la discussion doit amener une clarification des points de vue.

Le conflit est considéré ici comme un phénomène absolument naturel en soi, ni juste ni faux. Il est inévitable dans une relation saine et vivante. Lorsqu'un couple arrive à créer une atmosphère qui facilite l'expression du désaccord et des émotions qui s'y ajoutent (comme la peur, l'irritation, la frustration, etc.), il construit dans le dialogue les bases pour des décisions plus fonctionnelles et satisfaisantes. Les guerres de pouvoir sont gérées avant de dégénérer !

Dès qu'une dispute commence, Jean me rappelle que, si je ne suis pas contente de la vie qu'il m'offre – sous-entendre ici la maison, l'aisance, la qualité de vie –, je n'ai qu'à partir. Je sens monter la colère. Cette façon d'argumenter me bâillonne. Du coup, je me sens menacée, comme une étrangère qui vivrait dans la maison d'un inconnu. C'est comme si je lui étais redevable et que je ne pouvais plus m'exprimer. Comment lui rappeler que les choix du passé sont un consensus entre nous ? Si j'exprime un besoin, il prend le mors aux dents et il se replie en croyant que je n'aime pas notre vie. Ce n'est pas ce que je veux dire. J'ai besoin de dialoguer ! Il me bâillonne sans comprendre que le fait d'exprimer mon point de vue ne veut pas dire que je ne l'aime pas. Je l'aime, mais je ne suis pas d'accord sur certains points, dont nous devons parler ouvertement.

Le désir des deux partenaires est dit et appliqué autant sur les petites choses de la vie à deux que sur les grands débats : faciliter une bonne communication est essentiel pour nous et notre relation. Communiquer, c'est gérer la relation et les conflits. Il faut reconnaître que, grâce à une utilisation parfaite de la méthode et à une excellente communication, les problèmes qui ne sont pas complexes et compliqués peuvent demeurer non résolus sans que cela soit dramatique. On se fait assez confiance pour fonctionner en attendant le bon moment.

Si on procède avec soin et si on alimente la confiance, le paysage dans lequel on prendra les décisions (parce que, de toute façon, on décide toujours quelque chose) sera au moins plus clair et compréhensible. Et cela constitue un bon terrain pour parvenir à des décisions qui cherchent, dans la mesure du possible, à respecter les besoins essentiels qui sont en jeu. Parfois, il faut accepter le fait de ne pas pouvoir prendre une décision sur une question précise. Alors savoir gérer de façon constructive le malaise personnel ou celui du couple peut se faire en limitant les dérives et les conséquences. Dites-vous encore et encore que la confiance et le respect sont des qualités fondamentales d'une bonne recette de communication, avec aussi, en assaisonnement, un peu de patience et d'humour pour faciliter la digestion.

Lorsque deux personnes qui s'aiment arrivent à exprimer des attentes en commençant par : « Ce que j'aimerais de toi » au lieu de dire : « Ce que j'exige de toi », le dialogue peut s'engager. Même en face de situations qui semblent impossibles à résoudre, il y a toujours la possibilité de trouver les bons mots pour s'expliquer afin d'éviter un conflit dévastateur. Les hommes parlent moins et arrivent à résumer les faits rapidement : cela fait d'eux d'excellents argumentateurs. Les femmes verbalisent abondamment, généralement pour entretenir la relation, mais elles tournent parfois avec trop d'émotions autour du problème. Les deux tendances cohabitent tant et aussi longtemps que le « tu » ne vient pas tuer le dialogue.

LES MODÈLES DE COUPLES

La liberté individuelle doit-elle s'effacer lorsqu'on choisit de vivre à deux ? Même si on est profondément amoureux de l'autre, les premiers mois de la relation nous entraînent dans une sorte de moule qui correspond à ce que l'on croit être un couple normal. Un peu comme si un rôle précis devait correspondre à cette façon de vivre, et qui garantirait l'harmonie à deux. Mais les différences culturelles, l'âge et les expériences passées ont pu influencer notre vision de l'amour et l'idéaliser au point que jamais la réalité du modèle qu'on s'est créé ne soit atteinte. Parce que le couple est unique, il se peut que le fait de chercher à se conformer à une union parfaite, telle que nous l'imaginions, soit une source de désillusions et de conflits.

Il faut réviser constamment les théories qui nous arrivent de partout : la vie réelle n'est pas un roman. Dans le passé, le modèle de l'amour-fusion était transmis d'une génération à l'autre comme une obligation à sens unique. Les hommes étaient alors les pourvoyeurs et les femmes des éducatrices-mères et gardiennes du foyer. Cette codépendance économico-affective a pesé lourd sur la vie de nos grands-parents, car les rôles parentaux avaient préséance sur les sentiments. Bien évidemment, plusieurs couples ont trouvé des mécanismes pour éviter que la formule ne se transforme en prison. Mais cette époque où le divorce n'était pas admis socialement cache très certainement de grands drames humains. C'était également le triomphe des femmes directives et autoritaires, celles qui gèrent et qui mènent comme des petits caporaux, période durant laquelle le rôle des pères n'a pas toujours été valorisé. Le sens des responsabilités poussé jusqu'au sacrifice de sa vie et l'engagement par les liens sacrés du mariage formaient les assises sociales de la famille.

Ces temps-là sont bel et bien révolus depuis un demi-siècle grâce, notamment, à la montée du féminisme. L'égalité hommes-femmes en matière d'accès à l'emploi et l'équité salariale pour des spécialités comparables rendent aujourd'hui les couples associés économiquement et indépendants professionnellement. Les sentiments partagés sont librement consentis et même les rôles à l'intérieur de la cellule familiale sont devenus interchangeables, à l'exception de la maternité, évidemment.

D'une façon courante aujourd'hui, les deux partenaires ont leurs modes de subsistance propres et ils s'approchent l'un de l'autre en apportant avec eux un modèle d'indépendance réciproque. Le modèle de relation qui se bâtit est plus ouvert et flexible dans ce contexte. La démarche du couple qui veut approfondir son attachement se fera progressivement, à travers le dialogue et les expériences communes.

Très conscient que les couples heureux aient à concevoir leur propre modèle, Yvon Dallaire[3] nous décrit les combinaisons possibles pour que la relation amoureuse arrive à garder une distance juste entre les deux partenaires qui recherchent un

---

3. **Yvon Dallaire,** psychologue et écrivain, auteur de *Qui sont ces couples heureux ?* paru aux Éditions Option Santé en 2006.

traitement égalitaire durable. Le couple compte deux individus libres qui partagent un sentiment commun. Selon lui, le modèle le plus souvent adopté par les couples heureux repose sur dix critères :

- On demeure ensemble parce qu'on se choisit ;
- On laisse à l'autre la même liberté qu'on désire pour soi ;
- On n'a pas à devenir ce que l'autre voudrait qu'on soit ;
- On ne remet pas en question l'amour de l'autre ;
- On voit les crises et les conflits comme une façon de grandir ;
- On est conscient que la relation évolue et on accepte de la stimuler ;
- On conserve son propre réseau personnel ;
- Le couple s'ouvre aux autres, s'engage dans des causes communes ;
- On ne se fait plus d'illusion sur la durabilité du couple ;
- On a confiance en soi et on fait confiance à l'autre pour mieux s'apprécier.

Reste encore plusieurs mythes à défaire dans la vie de tous les jours. Pourquoi les couples sont-ils tellement déçus de l'évolution de leur relation ? Parce que les attentes de chacun sont souvent exagérées, surfaites, parfois même totalement irréalistes. Plusieurs modèles de relations de couple ne sont plus du tout adaptés au IIIe millénaire : ils doivent être recyclés ou même mis hors d'usage parfois. Chaque nouvelle relation, c'est une création unique au monde et les partenaires l'inventent, la construisent. Ce n'est pas bon de copier-coller à partir de ce que l'un des deux croit être juste et applicable. Une règle universelle prend une importance capitale ici : notre individualité.

Ma vieille tante si sage m'a dit un jour : «Ma chère, traite ton mari comme tu voudrais être traitée et, si tu n'es pas contente, parle-lui. Seul le dialogue peut venir à bout des discussions. Tu aimes avoir de la liberté dans ton couple : laisse à l'autre son espace. Tu voudrais partager des activités à deux : propose à l'autre des choix afin de ne pas lui imposer une seule option. Tu aimes les enfants et désires fonder une famille : si l'autre met de l'avant l'importance de préserver des zones pour que votre vie de couple puisse continuer de s'épanouir, accorde à celui que tu as choisi – n'oublie pas que tu l'aimes – cette possibilité. Je l'ai moi-même vécu. J'ai compris que, lorsque j'accueille les besoins de mon conjoint avec ouverture, il accueille aussi les miens et chacun se sent valorisé de cette façon. Ma fille, ne crée pas un modèle qui se transformera en prison si tu n'aimes pas te retrouver enfermée ! L'amour laisse toujours une porte entrouverte... »

TROUVER SON LANGAGE

Les couples qui arrivent à se redire : «J'ai tellement d'amour pour toi» après une grosse discussion ont compris que personne n'est parfait. Pour que l'amour grandisse, pour qu'il apporte quelque chose qui les nourrit, il faut apprendre à le nourrir à partir de ce qu'on a de meilleur. L'amour commence par soi-même et alimente la relation avec son conjoint et les autres personnes qui nous entourent. Si les attentes des deux partenaires s'harmonisent de manière réaliste, le couple n'aura pas à se battre contre des moulins à vent. Chaque expérience en sera une d'apprentissage. On construit son bonheur sur l'espérance tout en apprenant que l'amour n'est pas une base, mais plutôt un objectif à atteindre.

Tout le monde connaît les principes de la communication. Comment se fait-il qu'après des mois de bonne entente survient le constat d'une indifférence, d'un vide qui éloigne le couple en apparence ?

Attention aux conséquences d'une telle attitude. Les couples qui ont réussi à trouver leur langage et à préserver leurs moments de dialogue sont en général plus durables et aussi plus heureux. Parler vrai, c'est être capable d'identifier nos émotions et de les faire passer dans nos messages. La seule approche pour un voyage durable en couple est de partir chacun avec sa propre valise d'émotions et de rester fidèle à soi-même, peu importe les événements qui nous bousculent et le climat qui varie. Se taire équivaut à se désensibiliser et c'est un scénario destructeur que l'autre ne peut pas redresser seul. Il faut être deux pour faire ça !

> *Je ne me sens plus écouté, compris ? J'aime mieux me taire que de risquer une querelle. Annie semble connaître mieux que moi ce qu'il faut faire, alors je dis comme elle pour ne pas allumer le feu. Évidemment, on évite les crises et les remises en question, mais j'avoue que je me sens coincé. J'aimerais bien qu'elle écoute aussi mon point de vue avant de prendre des décisions...*

Vous êtes le porte-parole de vos pensées : ne laissez pas l'autre jouer aux devinettes et remettre en question sans arrêt vos réactions. Parlez ! Les pensées ne supportent pas les barrières et elles se chargent de mauvaises énergies dès qu'elles restent emprisonnées.

LE SILENCE ET SES PIÈGES

Comme l'a dit Marshall Rosenberg, les mots sont des fenêtres. Lorsqu'on se tait, on laisse toutes les fenêtres fermées et on s'isole. «Ce qui se passe dans ma maison ne regarde personne», disent certaines personnes. Le silence tue ! Il existe toutes sortes d'enfermements. Les violences que les gens se font à eux-mêmes en se refusant le droit de dire ce qu'ils pensent, en se blâmant ou en se critiquant entraînent de la dépression sévère et conduisent à une dévalorisation dangereuse, alarmante. Mais également, la violence infligée par les couples malheureux, par les parents qui n'expriment pas leurs émotions envers leurs enfants, peut être terriblement dévastatrice. Lorsqu'ils utilisent la culpabilité et la honte afin d'avoir un impact sur eux, les séquelles sont imprimées pour très longtemps dans cette jeune personne. Nous avons l'obligation de parler ouvertement, malgré les menaces, sinon nous devenons impliqués, complices d'une façon ou d'une autre de la violence sous toutes ses formes.

La communication non violente dont parle Marshall Rosenberg est souvent la seule façon pour les partenaires dans un couple de reprendre leur droit d'exister en tant qu'individu, de réagir en affirmant leur opinion clairement. Il s'agit d'une méthode qui peut vous sauver la vie, et qui s'explique en six étapes qui devraient faire partie de tous les modèles de couples :

- Observer une situation sans jugement ;
- Ressentir puis dire le sentiment que cela suscite en nous ;
- Identifier notre besoin ;
- Formuler une demande concrète et négociable ;
- S'accueillir dans nos différences ;
- Au lieu d'imposer, proposer…

L'intention qui s'imprime dans une communication, ou dans la non-communication, est révélatrice. Il peut s'agir de violence aussi bien que de manipulation. Les bonnes intentions laissent passer le dialogue : les mauvaises le détournent pour emprisonner l'autre.

> *Je me tais depuis des années parce que je sais que la moindre parole va déclencher une dispute. Rien ne peut contrecarrer l'intention de Claude de garder le contrôle sur notre relation. Il croit que je remets en question son autorité alors que, moi, je crois que j'ai le droit de m'exprimer. J'étouffe… J'ai peur de ses réactions !*

Votre intention en gardant le silence est d'éviter l'escalade. Mais apprendre à dire « non » est la seule façon de faire passer votre message. Dire non à quelqu'un c'est avoir le courage de dire oui à votre vie ! Il faut apprendre à donner votre point de vue malgré les tensions si vous souhaitez recréer avec l'autre personne une certaine qualité d'échange visant essentiellement à exiger le respect. Il faut faire en sorte que les besoins des deux personnes soient satisfaits dans le couple, sinon il va éclater. Tout ce que des personnes qui s'aiment se donneront mutuellement devrait être partagé avec votre consentement, de bon gré. Acheter la paix par un silence est un piège, peu importe qu'on le fasse par amour pour l'autre. Ce n'est pas un compromis que d'être constamment soumis. Tout ce que je fuis me suit ; tout ce que j'affronte en face s'efface !

Quoi que vous fassiez pour alimenter le dialogue, faites-le avec le désir de mieux comprendre l'autre, tout en respectant ce que vous êtes. Parlez et écoutez vos proches avec compassion, même si vous ne partagez pas leurs valeurs. L'écoute attentive et la reformulation deviennent une clé pour ouvrir la porte de la compréhension. Restez neutre, c'est-à-dire évitez d'ajouter une soupe d'émotions contradictoires, puis faites la synthèse des propos avant de passer au second sujet de discorde. Parlez pour être compris et comprise. Si votre but est de contribuer au bien-être de la personne que vous aimez, et que vous cherchez des ententes conclues de plein gré, les relations seront gagnant-gagnant. Chacun verra son besoin de contribuer au dialogue respecté et son accord sera librement exprimé. C'est un exercice dans lequel vous deviendrez de plus en plus habile en le pratiquant souvent. Le principe de réciprocité universel sera respecté : qui donne reçoit et qui parle honnêtement fait évoluer le débat.

LE LANGAGE CHEZ LES FEMMES ET CHEZ LES HOMMES

Nous savons qu'en règle générale les hommes sont moins doués pour la conversation que les femmes. Le siège de la parole, ont démontré les chercheurs, n'occupe pas le même espace ni les mêmes fonctions chez l'homme que chez la femme. La région du cerveau qui est en cause chez l'homme est celle de l'hémisphère gauche arrière, alors que, pour les femmes, c'est la région frontale gauche qui est concernée pour le langage; son hémisphère droit est aussi doté d'une zone discursive importante. Deux fois plus d'aptitudes à verbaliser, à mémoriser des mots et à discourir chez elle. Évidemment, l'anima et l'animus peuvent parfois renverser cette tendance.

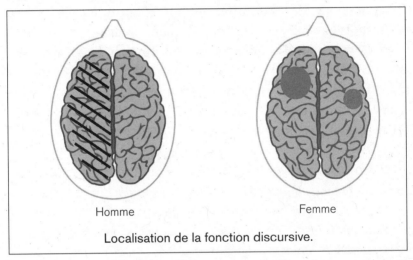

Homme   Femme

Localisation de la fonction discursive.

Le chasseur n'avait pas besoin d'un large vocabulaire pour remplir ses fonctions : lorsqu'il pêche en silence, notre homme jouit d'une sérénité sans pareille. La gardienne du foyer devait, quant à elle, entretenir des liens avec les membres de sa famille, éduquer les enfants, planifier les tâches et s'assurer que tout le monde était compris. Le besoin de parler est devenu une habileté quotidienne si elle voulait bien remplir ses fonctions. Malgré quelques exceptions à la règle, les hommes et les femmes vivent cette différence dans l'harmonie depuis des temps immémoriaux. La recherche scientifique nous éclaire encore davantage sur ces fonctions. Les chercheurs[4] indiquent qu'une femme va exprimer 8000 mots par

4. Explications tirées des recherches effectuées par **Allan Pease** au fil des dix dernières années. Voir la bibliographie pour en savoir plus.

jour et 3000 sons qui s'ajoutent à 10 000 gestes, expressions du visage, mouvements de la tête et autres signaux du langage corporel. Évidemment, si elle est enseignante ou conférencière, il se peut que sa soirée soit calme ; mais si elle a été confinée au silence pendant des heures, elle aura une quantité impressionnante d'informations à partager, d'environ 20 000 expressions sonores, le soir venu.

Pour comparer les données, un homme prononce de 2000 à 4000 mots par jour et il possède 2000 sons vocaux ainsi que 3000 signaux corporels. Sa moyenne quotidienne est de 7000 expressions sonores, soit le tiers de sa compagne de vie. Les humoristes caricaturent même cette situation en nous rappelant cette vieille blague : « Une fois, je n'ai pas parlé à ma femme pendant six mois. Je ne voulais pas l'interrompre ! »

> J'ai beau lui demander ce qu'il a fait dans toute sa journée, m'intéresser à son travail, je me bute à un mur. On dirait qu'il laisse sa langue dans son attaché-case jusqu'au lendemain. Ma chère amie, je ne sais plus comment le prendre... c'est tellement frustrant !

En rentrant à la maison, le chasseur a besoin de calme et de silence. Il devient contemplatif ! La femme qui rentre du travail sent le besoin d'actualiser tout ce qui s'est passé entre le départ du chasseur et son retour. Évidemment, les questionnaires incessants de son épouse peuvent irriter l'homme alors qu'il ne pense qu'à manger puis à se reposer. S'il refuse de mettre son grain de sel par-ci par-là, c'est qu'il a l'impression que sa mission est remplie, un point c'est tout ! À la longue, la fée du logis parlera pour elle seule et il détestera encore plus cette impression d'être devenu invisible, à force de ne pas montrer de façon audible qu'il est rentré à la maison.

On reproche souvent aux hommes de dépenser toute leur énergie au travail et de rentrer à la maison avec une seule pensée :

oublier le travail. Alors, lorsque madame lui rappelle que son devoir est de «travailler» sur son couple, il se braque. L'approche n'est pas positive. Le plaisir de cultiver des relations de couple agréables n'a rien d'un travail : c'est un échange basé sur l'attachement et non un devoir à remplir.

Communiquer à deux est une façon de rester en contact avec le quotidien et de consolider les attentes de chacun. «Ce que tu m'as dit hier n'est peut-être plus vrai aujourd'hui, alors il faut me dire ta pensée ici et maintenant pour que la relation s'actualise.» Les femmes apprennent à résumer leurs pensées pour qu'un sujet important soit traité en cinq minutes. C'est la fenêtre d'attention que votre conjoint vous offre, en général, pour rester à l'écoute. Après cette période, il risque de décrocher… même si vous persistez à décrire chaque chose en détail. De plus, si les mots sont simples et directs, la formule sera plus efficace. Les bruits ambiants vont aussi le mettre en rogne : il n'a qu'une seule fréquence audio et il ne se concentre que sur une seule chose à la fois. S'il pense à regarder le hockey, ne soyez pas déçue de le voir s'écraser sur le fauteuil. Il est comme ça ! D'ailleurs, avez-vous observé à quel point il aime la télécommande de la télé ? Et les femmes, que feraient-elles sans leur téléphone ?

Les femmes sont multipistes et elles peuvent entretenir plusieurs conversations au même instant, sans perdre le fil de la tâche qu'elles accomplissent en même temps. Ce n'est pas du verbiage, c'est de l'interaction constructive. Pour faciliter le dialogue femme-homme, il suffit parfois de faire place au silence et d'attendre le bon moment. De plus, les hommes détestent qu'on leur coupe la parole… Laissez-le donc aller jusqu'au bout de sa pensée et vous lui prouverez qu'il est intéressant. De plus, le sens des mots n'est pas toujours le même chez lui et chez elle. Un mot masculin peut prendre plusieurs sens, selon le contexte. Les femmes changeront facilement de mots pour décrire chacun des contextes à exprimer. Lorsqu'une femme se tait, elle exprime souvent d'autres émotions, comme le mépris, le refus, le mécontentement… Lorsqu'un homme déclare : « Je ne peux plus en parler », c'est que l'information est classée, le sujet est clos et rangé dans sa mémoire. Lorsqu'une femme déclare : « Je ne te parlerai plus jamais de cela », elle renvoie une tout autre information à son partenaire. La colère et la frustration peuvent alors durer pendant des jours… Attention à ces formules trop campées qui font se braquer les hommes et les femmes dans ce qu'ils ont de plus « différencié », soit leur façon de s'exprimer.

Apprendre que les hommes aiment les propos directs et que les femmes apprécient les détails peut aider les couples à trouver leur façon de communiquer dans le respect. Pour faire un petit test de ce que l'on peut exprimer, en tant qu'homme ou femme, posez simplement cette question à l'autre : « Comment te sens-tu maintenant ? » et laissez-le s'exprimer sans l'interrompre. Pour vous amuser, interchangez vos rôles et répondez à la question. Vous saurez alors comment l'autre perçoit votre façon de verbaliser… en général.

Pour vous amuser, faites également ce test en mode écoute. La femme et l'homme n'écoutent pas de la même façon non plus. L'homme recherche des solutions et la femme cherche de l'encouragement. Voici une phrase en exemple : « Est-ce que ce serait génial d'aller passer le week-end au chalet ? » L'homme qui écoute cette phrase dite par sa femme pensera qu'il suffit de le décider et de partir. Il aura une seule pensée-émotion.

La femme qui écoute cette phrase décodera tous les bienfaits d'un tel changement dans son horaire, mais elle va mesurer toutes les décisions et l'organisation qui sera nécessaire pour arriver à partir sans négliger ses obligations de toute nature. Elle ressentira de 10 à 20 émotions différentes.

Lorsqu'un homme se mure en lui-même, c'est qu'il cherche sa zone de paix intérieure ; si une femme fait un long silence, c'est que le problème est énorme à l'horizon et il vaudrait mieux en parler avant que l'orage n'éclate.

À DEUX DOIGTS DE LA RUPTURE, QUE DIRE ?

Le divorce peut-il être évité ? Que faut-il faire pour redresser notre relation ? Les outils et les connaissances existent. Ce qui rend l'exercice de réconciliation difficile, c'est que chaque spécialiste a traité d'une partie du problème pour en arriver à proposer une solution à cet aspect en particulier.

> *Ma meilleure amie me répète souvent : « Sors de ta bulle, Agathe, et accepte de te regarder en pleine lumière. Si tu ne le fais pas, tu resteras dans l'ombre de ton conjoint parce que tu ne prends pas ta place. Il serait temps que tu oses dire ce qui te plaît et te déplaît, car ton couple bat de l'aile. » Mais j'ai tellement peur de gaffer ! Je n'ai jamais appris à dire ce que je pense vraiment. Pour lui plaire, j'ai pensé qu'il fallait toujours dire comme lui, et maintenant je me sens démunie ; tout mon univers risque de s'effondrer !*

Dans notre monde, toute personne aimerait atteindre l'équilibre, être respectée et trouver sa place bien à elle. La formation du couple devrait combler ces attentes tout à fait normales. Pour un grand nombre d'hommes et de femmes, cette traversée de la vie à deux, cette quête d'accomplissement de soi en couple d'abord, puis au sein d'une famille et d'une communauté sociale, se vit difficilement. Même entre deux conjoints équilibrés et matures, les difficultés à résoudre se multiplient en fonction des étapes. Sans de bonnes habitudes de communication, nombre de couples envisagent la séparation faute de moyens pour retrouver la sérénité.

La conciliation des points de divergence ne peut réussir si on ment à l'autre ou, pire encore, si l'on se ment à soi-même. La connaissance de soi agit comme une sorte de fil conducteur qui permet à l'énergie de passer en continu, tout au long de la vie. Dès que vous coupez l'alimentation, votre essence vitale va commencer à s'écouler. Il arrive que la panne affecte les deux partenaires : l'homme se sent plus apprécié et la femme ne se sent plus heureuse. Lui qui base son succès sur cette appréciation de ses efforts, il constate que sa compagne attend quelque chose de plus pour être heureuse. Il se dit qu'il ne peut faire plus et il décroche. Il se persuade qu'une autre femme serait comblée alors que la sienne ne l'apprécie pas à sa juste valeur. Et l'homme n'écoute pas vraiment le message que sa femme lui envoie : je voudrais plus d'émotions, de la spontanéité, du romantisme et là, je serais vraiment heureuse. Ce n'est pas ce que l'homme apporte qui fait défaut, ni même l'appréciation qui est l'enjeu, mais plutôt les sentiments qu'il investit dans la relation. Elle a besoin d'amour et lui d'appréciation. S'il ne sait pas décoder, s'il n'apprend pas à laisser parler son cœur au lieu de proposer des solutions masculines, la rupture peut sembler la seule issue, même si c'est une fausse communication qui va faire dérailler la vie de ce couple d'expérience. En consultation, je constate que cette divergence est souvent dramatique : l'homme pense que, s'il ne peut rendre sa partenaire heureuse, tout son monde va s'écrouler, qu'il perdra sa valeur, ce qui est une mauvaise lecture du message féminin.

Je vous assure que, pour venir en aide aux couples en difficulté, il faut redresser ces fausses interprétations. Je suggère de soustraire le couple au stress ambiant pour lui permettre un dialogue sur des bases sereines. Le « je » et le « tu » doivent se pencher avec attention sur le « nous » et faire l'inventaire des valeurs communes. La vérité et l'authenticité sont des antidotes que seuls les amoureux peuvent s'administrer.

Les couples nouveaux, pour leur part, entrent dans une relation le cœur rempli d'espoir et ils reviennent blessés. Le message est clair : l'amour envers l'autre ne suffit pas. Tout le monde cherche la même chose, le contentement réciproque, mais chacun va le découvrir à travers sa propre démarche, dans le respect des caractéristiques masculines et féminines qui sont en nous.

La vie de couple réunit toujours des personnes uniques ; la relation nucléaire est constamment en mouvement. Pour éviter que les chocs ne vous détruisent, pour garder votre couple en vie en faisant bon usage des énergies qui vous bombardent de toutes parts, il faut apprendre à mieux connaître vos besoins et à les exprimer.

Tous les adultes qui ont expérimenté la vie en couple ont appris soit à faire face, soit à se cacher ou encore à s'éloigner des zones dangereuses, après avoir été marqués par des expériences difficiles. Il suffit d'un obstacle pour compromettre des mois, voire des années de partage harmonieux. Les couples malheureux ont tendance à s'intéresser à ce qui ne marche pas entre eux, alors que c'est en se tournant vers ce qui fonctionne bien, en reconnaissant ce qui nous convient le mieux qu'on avance vers l'harmonie. Si on déprécie sans cesse ses actions en bourse, on ne va pas s'étonner de voir la valeur de son capital fondre. Au lieu de regarder le petit point noir sur le tableau, regardez plutôt tout ce qui va bien, tout cet espace de blanc qui existe.

Les problèmes récurrents se cachent souvent derrière des émotions contradictoires ou refoulées. S'avouer à soi-même ses quatre vérités, ses imperfections, ses côtés obscurs, les expériences du passé qui se sont enracinées depuis des années peut être la clé de votre retour à une communication authentique avec vous-même et avec l'autre. Mais attention : regarder son inventaire à soi d'abord, au lieu de faire celui de l'autre.

La bonne foi et l'espoir sont importants pour reprendre le dialogue en commençant par ce qui rapproche les deux personnes. Investir plus de temps dans la relation et faire un bilan respectueux peuvent faire la différence. Lorsque le couple ne fait pas d'efforts pour garder la flamme allumée, sera-t-il au moins conscient des étapes qui vont amener l'éloignement, briser l'attachement ? Rallumer une flamme éteinte est plus ardu. C'est votre responsabilité de reprendre la communication et de vous rapprocher par une écoute plus attentive. Même les silences sont parfois des espaces de rapprochement, parce que cela montre l'intérêt et la disponibilité. Une relation bien vivante ne le restera pas si les deux partenaires ne sont pas présents à son évolution.

Le prochain chapitre nous permettra de regarder notre couple et ses comportements afin de trouver les meilleures actions/réactions pour le rendre encore plus pétillant de vie. Ne vaut-il pas mieux redresser ce qui pose problème que d'avoir à tout recommencer? Votre amour pour l'autre est-il encore vivant? Alors, la responsabilité d'un accord repose sur vos épaules.

« MIEUX VAUT METTRE SON CŒUR SANS TROUVER DE PAROLES
QUE DE TROUVER DES MOTS SANS Y METTRE SON CŒUR. »

POUR VOUS EXPRIMER EN TANT QU'INDIVIDU DANS UN COUPLE

- Prendre le temps de choisir les moments qui sont le plus favorables à l'établissement d'un dialogue.
- Trouver une personne neutre qui peut vous écouter, vous aider à filtrer vos pensées avant de parler à l'autre, est parfois bénéfique pour dédramatiser.
- Faire un bilan de ses émotions personnelles face aux attitudes et habitudes de l'autre et en tirer des points de discussion.
- Pratiquer la méthode du consensus sur des points mineurs afin d'être ensuite plus habile à rester dans la démarche pour les décisions d'importance.
- Accepter que tous les conflits ne se résoudront pas en un jour sans chercher un coupable ou un responsable.
- Utiliser le miroir pour valider vos intentions: changer l'autre n'est pas la solution et vous n'y arriverez jamais sans dire ce que vous ressentez dans le calme et le respect envers l'autre.
- Désamorcer les crises où la violence verbale et psychologique est présente en créant un temps d'arrêt pour mieux reprendre la discussion sur des bases non violentes.
- Consulter des professionnels pour vous accompagner dans vos efforts de communication lorsque vous constatez que vous n'y arriverez pas sans aide.

Chapitre 4
Point de vue ou vue
avec mise au point

Personne ne peut s'ignorer ou se survaloriser sans se sentir tôt ou tard prisonnier. Un couple heureux est capable d'un dialogue respectueux et vrai, en acceptant à la base que ni l'un ni l'autre ne soit parfait.

FAIRE LE BILAN DE SANTÉ DE SON COUPLE

En abordant ce nouveau chapitre, la phrase suivante prend tout son sens : changez votre façon de voir les choses puis vous constaterez que les choses que vous regardez changeront. Les difficultés d'aujourd'hui sont peut-être les éléments qui vous rapprocheront le plus l'un de l'autre demain. Trop happés par les obligations, les adultes oublient que certains aspects importants de leur vie nécessitent un entretien périodique. La mécanique des relations humaines, comme celle des moteurs, s'use et se met à grincer si on ne lubrifie pas les pièces qui frottent les unes contre les autres. Le couple n'échappe pas à cette obligation puisque, de saison en saison, d'étape en étape, il a besoin de soins spécifiques. Ce que les paragraphes qui suivent proposent comme défi, c'est de regarder le couple dans lequel vous êtes comme s'il s'agissait d'une entité distincte de vous et de votre partenaire de vie, un peu comme s'il s'agissait d'un produit que vous avez contribué à réaliser ensemble. Votre couple existe de cette façon : il veut exprimer une certaine usure en utilisant les conflits pour vous permettre d'identifier ce qui l'empêche d'être en bonne santé.

Vous observez que quelque chose a changé dans votre relation depuis le dernier « entretien », mais il est difficile d'identifier précisément ce qui ne va pas. Vous ressentez plus d'angoisse, une sorte d'insécurité, vous avez conscience d'une certaine fragilité. Est-ce parce que l'amour est en train de fondre ? Que cache cette intuition que quelque chose ne tourne pas rond ? La passion s'est un peu figée en se refroidissant… S'en apercevoir est une chance, car cela vous permet d'aller vérifier ce qui ne va pas. Voyons cinq des préoccupations qui peuvent devenir symptomatiques d'un problème potentiel, encore évitable sans trop de frictions ou bien réel au point de s'aggraver avec les semaines qui passent.

1. **On n'arrive plus à se parler.** Vous vous croisez pour de brefs échanges sur la liste des courses à faire, les factures à payer, les réunions scolaires ou les prévisions du temps. Des échanges logiques et pratiques n'alimentent pas la relation amoureuse : ils permettent de coexister, de gérer le quotidien. Sans communication, élément essentiel de la vie de couple, le lien qui vous unit va s'affaiblir et se rompre. Le dialogue doit permettre l'expression des sentiments, des besoins, des envies de l'autre et vous amener aussi à faire des projets. Solution ? En être conscient et se le dire d'abord, puis trouver un moment pour en parler en tête-à-tête. Reprendre le dialogue est la meilleure chose à faire. Parfois, un coup de tête intuitif, une petite vite improvisée, un « je suis bien avec toi, tu sais » peuvent suffire à se reconnecter.

2. **On n'a plus de projets à deux.** Sortir des engagements qui nous emmurent peut sembler anodin, mais c'est une nécessité. Lorsque toute l'énergie se concentre sur les plans professionnel ou familial, la distance se creuse entre les partenaires. Vous perdez l'envie de vous sauver en escapade, de rêver ensemble, de partager des espaces de ressourcement. Petits ou grands projets, à court ou à long terme, peu importe. Il faut de la nouveauté, de l'excitation, des objectifs pour nourrir un couple. Le risque c'est que, au lieu de construire à deux, vous vous nourrissiez de projets personnels, en dehors du couple, et que vous finissiez par ne plus jamais vous rencontrer autour de projets communs. Quelle solution ? Évidemment, si vous n'arrivez même plus à imaginer un week-end en amoureux ou que vous avez la sensation de ne plus rien partager, de vivre

chacun sur votre planète, c'est qu'il y a quelque chose qui cloche. C'est peut-être le moment de vous remettre en question.

Sinon, n'ayez pas peur d'exprimer vos envies, vos besoins, même si cela vous semble à première vue déraisonnable; soyez vous aussi à l'écoute de votre compagnon et de ses désirs. Proposez-lui de nouvelles choses, impliquez-le davantage dans vos projets. C'est toujours vous qui décidez où et quand partir en vacances? Et si vous lui demandiez son avis pour une fois?

3. **Il ou elle ne m'attire plus autant qu'avant.** Vous éprouvez de moins en moins de désir l'un envers l'autre, voire plus du tout. C'est d'autant plus inquiétant que ni vous ni lui ne faites d'efforts pour arranger les choses. Vous ne faites rien pour le séduire et d'ailleurs lui-même est beaucoup moins attentif à vous qu'avant. Même la tendresse semble s'envoler. Elle est pourtant essentielle pour la majorité des couples, même après plusieurs années de vie commune. Une sexualité épanouie est d'ailleurs souvent le reflet de la bonne entente dans un couple. Quelle solution? Le chapitre 6 vous en suggère quelques-unes. Raisonner à partir de certains préjugés amplifie le problème. Se dire que le désir va forcément s'éteindre au fil des années est nuisible, alors que réaliser avec confiance que la connaissance de l'autre favorise justement une sexualité plus épanouie, plus inventive, bref que le désir évolue, ajoute de l'intérêt à cette remise en question. Souvent aussi, il est plus facile d'accuser son partenaire à la première baisse de la libido que de s'impliquer dans la recherche des causes. Remettez-vous aussi en question en vous demandant si vous n'êtes pas coresponsable. Et surtout, faites part de vos envies spontanées et osez aussi parler de vos attentes à votre partenaire. Là encore, la clé se trouve dans le dialogue et l'action concrète.

4. **On se dispute de plus en plus.** D'accord, c'est bien de se disputer: ça permet de mettre les points sur les *i*, d'éviter les

malentendus et d'en sortir plus conscient du point de vue de l'autre. La vie à deux implique forcément des disputes. Ces sautes d'humeur permettent de s'affirmer et d'exprimer son individualité. D'ailleurs, ne jamais se disputer est souvent la preuve que beaucoup de frustrations sont mises de côté. Le jour où elles arrivent à un trop-plein, les chicanes qui s'enflamment sur un rien servent d'exutoire pour une foule de petites frustrations accumulées. Faire le tri et trouver le cœur du problème sera tumultueux. La gestion au cas par cas est de loin plus saine.

Pourtant, lorsque les disputes deviennent de plus en plus fréquentes, que le moindre détail suffit à déclencher un orage et que vous n'avez même plus envie de faire d'efforts pour trouver des solutions, c'est qu'il y a un problème réel. Trop se disputer n'est pas constructif. Parfois, ça peut même devenir un prétexte pour s'éloigner de l'autre. Une manière de mettre une barrière dans le couple, pour ne plus communiquer, ne plus être avec l'autre à la recherche d'une solution. Les conflits que l'on ne règle pas parce que l'on considère qu'il est trop tard reviennent et allument de nouveaux brasiers. Parfois aussi, si les disputes tournent toujours sur le même sujet, cela signifie qu'un problème plus profond n'a pas été résolu et que chacun des deux partenaires continue d'accumuler de la frustration et de la rancune. Quelle solution? Demandez-vous ce que vous apportent vos disputes. Si elles vous permettent d'avancer, qu'elles vous semblent constructives et qu'il y a toujours des étapes de compréhension qui s'ouvrent autour des solutions trouvées, pas de raison de vous inquiéter. Par contre, si vous vous disputez pour un oui ou pour un non, que vous n'arrivez pas à communiquer, que ce sont sans cesse les mêmes oppositions qui reviennent, il est peut-être temps de vous demander ce qu'il y a derrière tout ça. L'évitement n'est pas recommandé: rapprochez-vous pour mieux en limiter les dégâts. Le dialogue posé devient plus facile à engager lorsqu'on admet que les deux ont raison… Chacun a sa raison de faire valoir ses arguments.

5. **Il ou elle ne me manque pas : je me sens bien seul.** Au début de votre relation, il était dans toutes vos pensées, vous ne supportiez pas d'être éloignée de lui. Maintenant, c'est le contraire, vous êtes même soulagée quand vous vous retrouvez enfin seule ! Pas d'inquiétude, il est tout à fait normal d'avoir une certaine envie de liberté et d'autonomie lorsqu'on vit à deux depuis plusieurs années. Ce n'est pas pour cela qu'on ne s'aime pas. Demandons-nous : quelle est ma définition de l'amour ? C'est une erreur que de vouloir comparer ce que vous vivez aujourd'hui avec ce que vous viviez avant. Votre couple a évolué et c'est normal. Quelle solution ? Bien sûr, vous ne connaissez plus la même impatience à l'idée de le retrouver à la fin de votre journée, mais ce qui compte, c'est de conserver votre envie de savoir comment s'est passée sa journée et de lui raconter la vôtre. Ce qui est important, c'est d'avoir envie de l'écouter, de le réconforter quand il en a besoin, de l'aider à trouver des solutions… Ne plus avoir envie de rien donner à l'autre, ne plus vouloir rien partager avec l'autre, ne plus être dans l'échange amoureux… c'est plus révélateur. Voilà les vraies sources d'éloignement d'un couple et c'est là que se trouve le danger. Avez-vous des trucs pour aviver la flamme ? Pouvez-vous identifier les valeurs qui vous ont rapprochés au départ ? Sont-elles toujours là entre vous ? Pour reprendre le fil qui unit votre cœur au sien, il suffit parfois de tenter de faire à deux la liste de vos meilleurs moments et de vous laisser gagner par le désir de les multiplier.

Ces cinq éléments mettent en lumière un affaiblissement progressif de la qualité de votre relation mais aussi de votre dialogue : c'est le temps de réagir pour changer les choses, de faire des efforts librement consentis pour vous rebrancher l'un à l'autre sans sacrifier votre vie personnelle. Mais votre choix de vivre en couple s'est fait sur la base qu'il vous apporte quelque chose de plus, qu'il vous plaît d'être en compagnie de l'autre, que les initiatives conjointes sont agréables et sources de plaisir.

QUATRE MOYENS DE REMETTRE NOS PENDULES À L'HEURE

Il suffit parfois de prendre un peu de recul pour constater à quel point notre couple est important. Faites une pause massage ou relaxation tous les deux, planifiez une sortie gastronomique dans une auberge, faites une activité sportive comme du jogging ou du camping, organisez un voyage de couple dans un lieu inspirant ou créez-vous une obligation de sorties culturelles – cinéma, musée, spectacle, différentes à chaque mois. Ces suggestions sont des thérapies douces qui apportent des bienfaits appréciables. Si les femmes ont trop tendance à s'engager à fond dans la conciliation travail-famille, au point de s'oublier, et que les hommes recherchent des moments de liberté pour se soustraire au stress professionnel, ces rencontres feront plaisir aux deux partenaires en demeurant flexibles et divertissantes : vous réinventerez vos sources d'harmonie tout en douceur et dans les limites de votre budget. Ce sera l'occasion de faire un examen très intéressant des quelques éléments-clés qui peuvent fausser peu à peu vos relations.

L'assouplisseur. Avez-vous déjà placé votre lessive dans le sèche-linge ou sur la corde à linge sans avoir pensé à utiliser votre assouplisseur au bon moment ? Votre lessive peut paraître nette, mais les plis qui restent seront une source de travail supplémentaire lorsque vous voudrez être à votre meilleur. Repasser les plis et défroisser les tissus une fois qu'ils sont secs prend du temps. Il en est de même pour la vie en couple. Un geste ou une parole gentille, une attitude plus détendue et des pauses entre les discussions font l'effet d'un assouplisseur et rendent les échanges flexibles, allégés, attirants. Au lieu de remâcher vingt fois les mêmes arguments, de dessécher votre partenaire à force de pousser et de tirer sur les problèmes, ajoutez un peu de bonne volonté réciproque. Votre imagination peut vous aider à trouver un petit jet de vapeur, par-ci par-là, pour en faire l'essai : décréter une pause « juste pour rire », voir un film, faire un pique-nique ou aller prendre une marche la main dans la main.

Le couple dominant-dominé. Au quotidien, la répartition des tâches et les décisions majeures tournent-elles toujours autour d'une seule et même personne ? Les deux ont-ils la même capacité d'exprimer leur liberté de choix ? Le symptôme de « qui porte la culotte » est celui qui révèle de la dépendance mutuelle où l'un exerce un contrôle et l'autre ne peut échapper à cette situation.

> *Je ne laisse aucune chance à Paul de prendre des initiatives dès qu'il entre à la maison : j'organise tout afin qu'il soit parfaitement heureux. Il en a déjà tellement sur les bras, le pauvre.*

Est-ce que la pitié est reliée à l'amour ? Même si le dominant a l'impression d'être plus libre, il demeure un éternel dépendant, car, si le pouvoir lui échappe, il sera détruit autant que la personne qu'il domine. Pour conserver le contrôle du couple, de la famille, du partenaire, le dominant utilisera des stratégies de manipulation qui iront de la menace jusqu'aux agressions physiques et psychologiques.

> *En s'arrogeant la gestion du budget, Joe a littéralement pris le contrôle de nos vies, négligeant de vérifier mes goûts et aussi les besoins de nos enfants. Évidemment, dès que je réclame quoi que ce soit, il me dit que je suis dépensière et que je suis chanceuse de compter sur un homme comme lui, responsable de sa famille et tellement généreux.*

Il n'y a pas de relation dominant-dominé sans l'acceptation d'une situation où le plus faible entre progressivement dans le renoncement à ce qu'il est, à son droit à toute opinion différente. Être trop soumis ou soumise et ne pas manifester ses préférences, cela est une sorte de piège qui se referme sur une situation malsaine. Les inégalités budgétaires, comme le fait de demeurer en dehors du marché du travail ou le choix d'assumer l'éducation des enfants en quittant son emploi, peuvent entraîner ce déséquilibre dans la relation. Les dominants sont autant masculins que féminins : il faut d'ailleurs se méfier des apparences à cet égard. Les traits caractéristiques sont parfois la peur d'être soi-même dominant ou dominé, ce qui va engendrer le comportement ; donc une faible estime de soi peut transparaître. Parfois, c'est la peur de la séparation, le désir de garantir la fidélité de l'autre qui va nourrir le dominant. Chez le dominé, la recherche de la sécurité, la stabilité, le désir d'être pris en charge, de ne pas avoir à lutter pour mieux se consacrer à une tâche qui semble valable vont permettre à la domination de s'installer.

Il suffit que l'un des deux fasse un mouvement pour que cet équilibre apparent se détraque. Une rébellion, une perte d'emploi, une blessure narcissique, un soupçon de jalousie, et l'étau se referme sur le couple comme deux ennemis enfermés dans la même prison. Pour s'en sortir, quelques étapes importantes : prendre conscience de la situation, accepter d'essayer de s'améliorer et, tant pour l'un que pour l'autre, poser des actions concrètes pour sortir de cet enfermement. La démarche peut paraître complexe et elle peut parfois amener un redressement, souvent après une thérapie conjugale, en recherchant à construire la relation sur de nouvelles bases avec la collaboration des deux partenaires.

Toutes les expériences difficiles de la vie nous amènent à dépasser nos limites. Chaque personne a ses propres limites. La survie passe par la décision de sortir de la zone de faux confort dans laquelle nous sommes enlisés, menacés même parfois. Hésiter ou ignorer le problème ne le réglera pas. C'est une obligation qui peut sembler très moche, mais le premier geste doit être posé avec courage. Vous ne serez plus seul pour la suite du parcours si vous prenez la décision de demander de l'aide.

> *J'ai petit à petit perdu toute confiance en moi. J'ai peur de Marc quand il perd son contrôle et qu'il me frappe. J'ai aussi peur de le quitter et de me retrouver seule. Je n'en peux plus de jouer au yo-yo et de subir ses menaces ; mais lui, une fois la crise passée, il agit comme s'il n'y avait rien eu et il me reproche d'avoir l'air malheureuse. Je suis vraiment à ma limite. Je dois sortir de cette relation. Je le sais, mais c'est comme si je n'avais pas le courage de me choisir.*

La thérapie de couple. Les crises fréquentes vous laissent-elles entrevoir la séparation comme une solution ? Il est temps de vous tourner vers des ressources externes, de consulter des professionnels afin de faire le point. Il y a à la portée du téléphone plusieurs choix, de la séance de ressourcement à la thérapie de couple afin de sortir d'un cercle vicieux qui vous détruit. Cette souffrance quotidienne devient intenable et, avant de prendre la décision de tout sacrifier, l'aide d'un professionnel peut faire la différence. Au cours de ma pratique, j'ai constaté qu'environ 75 % des couples en difficulté trouvent une résolution positive, ce qui leur permet de se redéfinir. L'approche de la thérapie à deux exige un effort personnel réel : dénouer des situations extrêmes allant des disputes incessantes à l'infidélité, en passant par les problèmes sexuels et la perte de sentiments réciproques. Si la rupture semble parfois la seule issue possible, la thérapie de couple peut soulager la pression temporairement, le temps d'appliquer les meilleures solutions possibles.

Le thérapeute ne dispose que d'un seul outil pour aider les couples en conflit : la communication. Chacun des partenaires pourra s'exprimer sans se sentir jugé devant ce médiateur spécialisé qui offrira un cadre neutre pour que les ressentis s'expriment en respectant les différences de chacun des points de vue. Chacun écoute aussi et peut donc apprendre à se mettre à la place de l'autre pour comprendre ses doléances dans le calme. Quand cela fonctionne, et que les deux parviennent, de façon consciente, à modifier certains comportements personnels, le succès est au rendez-vous.

Même si les deux partenaires s'investissent dans l'approche thérapeutique, il se peut que le redressement soit difficile, notamment quand la violence est en cause. La violence sert généralement à exprimer par la force des besoins non reconnus: faut-il croire à la méchanceté des personnes qui en usent? Cette façon de traduire une frustration met de l'avant le pouvoir de l'amertume et de la peur que la violence trahit. La source de cette méchanceté provient des gens qui n'ont pas pris le temps de soigner leurs souffrances, de dénouer leurs blessures les plus secrètes. Dire fait passer la violence de l'état inconscient à l'état conscient. C'est à partir de ce processus d'identification des causes que la thérapie peut agir. Plusieurs passages à l'acte de violence extrême résultent du fait que la personne violente n'a jamais creusé son passé: si cette recherche se fait dans le cadre d'une thérapie, en obtenant une écoute bienveillante et de l'aide, la réhabilitation est possible.

À ceux et celles qui doutent ou hésitent à confier leurs problèmes à des psychologues, je redis souvent: enterrer une colère, c'est enterrer une mine.

L'approche appréciative. Si des amorces de dialogues commençant par des «il faut, tu dois, c'est comme ça, t'as pas le choix, c'est ma décision» vous font réagir par la contre-argumentation directe, voici une fenêtre de liberté qui devrait vous plaire. Le retour à un dialogue où le «je» prends sa place peut permettre de se renseigner mutuellement sur notre écoute. Est-ce magique? Presque!

L'approche appréciative[5] est basée sur une règle très simple: capitaliser sur nos forces. Nos forces sont notre meilleure chance

---

5. La publication du livre de Pierre-Claude Élie intitulé *Dynamiser l'organisation avec la démarche appréciative* a permis d'appliquer ces techniques aux entreprises autant que dans la vie personnelle.

de vivre longtemps ensemble dans l'harmonie. Votre vie vous amène là où vous voulez aller, n'est-ce pas toujours vrai? Le premier pas dans cette direction vous appartient. Nous avons appris à regarder un problème et à le creuser afin de connaître sa source: nos faiblesses, nos manques, nos conflits, bref ce qui ne fonctionne pas entre nous. La conséquence apparaît clairement: en se centrant sur ce qui va mal, on amplifie le stress, on fractionne et multiplie les sources de conflits, on trouve tellement d'obstacles que l'on use ainsi notre capacité de créer des solutions. La preuve, c'est qu'on se retrouve constamment en situation défensive par rapport à l'autre. On devient myope à force de se concentrer sur ce qu'on ne veut plus avoir comme relation. Pourquoi alimenter tout le temps ce qu'on déteste le plus, la tension entre nous? Et si on faisait l'inverse?

L'appréciation est une attitude qui permet de reprendre le dialogue à partir de ce qui va bien dans le couple en essayant de comprendre comment, sans efforts, avec compassion, on arrive à créer du plaisir, de la complicité, du respect dans certaines conditions. Ce qui est créé naturellement dans le couple dès que l'amour se développe, c'est l'approche qu'il faut continuer de privilégier pendant toute sa vie à deux. C'est ainsi que notre amour prend de la valeur et partage des valeurs.

Comment reproduire ce modèle dans la vie de tous les jours? Voici trois exemples de son application dans le couple:

- Choisir et rechercher dans notre vie et celle de l'autre ce qui nous allume, nous inspire, nous dynamise: en faire la liste;
- Explorer nos aspirations, nos espoirs, nos rêves pour imaginer notre vie à deux et projeter notre avenir à son meilleur: écrire tout cela;
- Utiliser quotidiennement un langage et des façons de dialoguer qui favorisent l'épanouissement et traduisent notre complicité dans l'entreprise que nous avons créée en tant que couple: le «nous» dépend de toi comme de moi.

Des exemples à appliquer

Premier exemple. Le point de vue critique. Avec la plus grande simplicité, il faut formuler nos messages selon l'angle constructif qui va favoriser la créativité. Voici une formulation négative parce qu'elle déprécie l'autre : «Nos vacances de l'an passé m'ont déçu alors je ne veux pas que cela se répète cette année. » L'autre reçoit cela comme un reproche ; il avait l'intention de planifier des vacances agréables pour tous et, cette année, il craint de décevoir encore. Que diriez-vous pour formuler cette attente de façon appréciative ? «Nous voulons tous les deux passer les plus belles vacances de notre vie cet été, n'est-ce pas ? Comment allons-nous faire ? » C'est un excellent départ pour passer à la deuxième étape.

Deuxième exemple. La découverte des forces communes. La recherche des éléments qui permettent de combler nos besoins dans les meilleures conditions possibles, en demeurant réalistes évidemment, nous permet de décrire ce qu'il faut pour que les deux puissent profiter de cette interrelation. Par exemple : «J'aime la mer et toi, tu aimes le golf ; par contre, nous aimons tous les deux faire du vélo et découvrir des paysages inusités. » La liste des éléments qui nous rapprochent prendra plus d'ampleur, de cette façon. Des phrases revanchardes telles : «On sait bien, tu vas encore choisir en fonction de toi seul et moi, je vais faire de la chaise longue en t'attendant… » sont à éviter. Chacun ayant la possibilité de faire seul ce qu'il est le seul à aimer, les moments de la vie à deux peuvent être consacrés à des activités que les deux choisissent, ce qui n'exclut pas forcément d'accompagner l'autre dans une sphère qui nous semble moins alléchante. Il y a des découvertes intéressantes à faire lorsqu'on est appréciatif.

Troisième exemple. Le désir de chacun est pris en compte. Pour que la pratique de l'appréciation soit agréable, il faut envisager de combler les attentes de chacun, même si les conditions extérieures semblent parfois nous limiter. Ainsi, le budget restreint ne permet pas de combler un désir de faire un long et fabuleux voyage. Quelles sont les autres possibilités ? Se reposer, découvrir des régions différentes mais plus accessibles, passer du temps ensemble, se ressourcer en choisissant des loisirs qui font tout oublier, etc. Les choix de chacun vont porter sur ce qui est à la portée de main, ce qui fait plaisir tantôt à l'un et tantôt à l'autre, au lieu de se déprimer ou de s'en vouloir pour ce qu'on ne peut faire. L'activité vous amène à imaginer plutôt les vacances parfaites en projetant ce qu'elles devraient contenir pour vous combler.

Quatrième exemple. Faire le design de nos projets communs. Il faut travailler en escalier, dans plusieurs domaines qui nous amènent à faire avancer des projets communs. Parfois, il faut commencer par dégager des orientations qui nous stimulent tous les deux et comparer les propositions. Il s'agit de jouer dans ce qui est connu et aussi de regarder des aspects nouveaux qui sont parfois complètement inédits. C'est le temps de penser en termes de créativité, de faire des remue-méninges puisque vous partez d'une intention pour la développer. Tout est à bâtir. Le plaisir de faire cet exercice est déjà une anticipation de ce que vous pourrez vivre comme résultat. Quels seront nos défis ensemble ? Une maison, une entreprise, une famille, des voyages, une retraite passionnante, une cause humanitaire ? Chacun porte des rêves et le couple en porte aussi. Marche après marche, la conquête de la meilleure vie possible est une source de grands plaisirs.

Cinquième exemple. Le défi des actions innovantes. On dit souvent ceci : « Si vous voulez obtenir ce que vous n'avez pas encore obtenu de la vie, il vous faut faire ce que vous n'avez jamais fait jusqu'ici. » C'est exactement la position des couples qui innovent. En prenant la liste des suggestions et en la formulant en propositions, vous en arriverez à un projet de plus en plus concret. Vous y ferez des choix en regard du temps, de l'argent, des autres contraintes, sans placer ces notions avant le plaisir d'inventer quelque chose qui vous lie l'un à l'autre. Le projet commun peut tellement vous mobiliser que vous trouverez des solutions insoupçonnées pour arriver à les réaliser. Votre ingéniosité sera mise à contribution au lieu de vous apporter des déceptions. Comment allez-vous faire cela? Comme des peintres, vous allez créer un moment de grand rapprochement à partir de ce que vous aimez et de vos valeurs communes. Le projet vous apprendra à vous respecter et à faire confiance à vos forces respectives.

Sixième exemple. Résultats exceptionnels en vue. Les étapes de cette méthode sont simples: forces vitales qui s'additionnent au lieu de se combattre, futur attrayant projeté en commun au lieu d'un fossé qui se creuse, orientations stimulantes pour chacun au lieu d'un déséquilibre pour celui qui assume la décision (comme se limiter au budget à la base de toute décision), choix d'actions innovantes qui permettent de sortir des sentiers battus au lieu de répéter des demi-succès et, enfin, le sentiment de vivre pleinement le moment qui vient et d'en tirer une satisfaction pour soi-même et pour la relation.

Le couple est créateur, il est visionnaire et il change la routine en spontanéité, avec cette approche différente. Ce n'est pas un évitement des problèmes, mais une façon de savourer les meilleurs moments tout en faisant reculer les difficultés qui naissent de l'absence de communication. Se parler en s'appréciant aide à remettre en perspective la raison d'être des divergences et de les envisager comme un moyen de se solidariser, de se connaître davantage.

Chaque individu est porteur d'au moins cinq pouvoirs qui sont indéniables:

1. Le pouvoir de regarder ce qui le stimule, ce qui le motive;
2. Le pouvoir de formuler ses besoins;

3. Le pouvoir d'imaginer son futur;
4. Le pouvoir de ressentir des émotions agréables, positives, existantes;
5. Le pouvoir de se choisir.

Chaque individu a des besoins qui doivent aussi faire écho dans la vie à deux qu'on a choisie :

- Se sentir écouté;
- Être reconnu dans son unicité;
- Contribuer par ses actions et ses idées à la vie commune;
- Donner un sens à ce que l'on fait, trouver sa motivation;
- Évoluer vers un accomplissement où l'espoir est présent;
- S'assumer dans ses choix.

Pourquoi ces notions ne font-elles pas partie de la base même de toutes les relations de couple? Poser la question devient inutile lorsque cette approche nous est connue. Si vous l'ignoriez jusqu'ici, vous avez maintenant la possibilité de l'adopter ensemble. Il suffit d'un premier test sur un point pour vous donner confiance. Rappelez-vous le plus beau moment que vous ayez vécu tous les deux. Dégagez les éléments qui l'ont rendu si précieux à vos yeux. Il s'agit de s'apprécier et de mettre en commun ce que chacun a de meilleur en lui afin que le «nous» en bénéficie au quotidien.

Ce chapitre vous a-t-il permis de regarder votre relation sous un angle de solutions réalistes plutôt que de vous imaginer encore submergé par des conflits qui n'en finissent plus? Votre point de vue n'est pas figé dans le temps. Il peut et même il doit changer régulièrement. Les pistes de solutions que nous décrivons vous conviennent peut-être sans pour autant prétendre que nous en avons fait le tour. De nombreux ouvrages peuvent vous inspirer à trouver l'outil, le détergent ou les matériaux qui conviennent le mieux à la rénovation de votre vie de couple. Le premier pas d'une bonne mise au point, c'est de cesser d'être victime de situations qui vous déplaisent, qui vous détruisent. Vous inventerez par la suite tout ce qu'il faudra pour vous construire un présent et un avenir où vous serez respecté, apprécié et aimé comme vous le méritez.

> « CE N'EST NI D'UN TÊTE-À-TÊTE NI D'UN CORPS-À-CORPS
> DONT NOUS AVONS LE PLUS BESOIN, MAIS D'UN CŒUR-À-CŒUR. »

POUR SOIGNER VOTRE RELATION DE COUPLE

- Préciser quelles sont vos attentes en regard de la vie à deux. Sont-elles comblées dans la relation actuelle ? Avez-vous la possibilité d'en parler avec votre conjoint dans un climat d'écoute ?

- Si votre couple était un véhicule automobile, diriez-vous qu'il est en bon état pour un long et agréable voyage ou êtes-vous d'accord avec votre partenaire pour une bonne mise au point ? Pouvez-vous identifier les faiblesses, les points d'usure, les dangers qui menacent votre vie à deux en faisant vous-même le bilan de santé de votre relation ?

- Des ressources externes peuvent s'avérer nécessaires pour corriger des situations qui ont des racines plus profondes : croyez-vous que c'est votre cas ? Pouvez-vous demander de l'aide sans craindre des représailles ? Avez-vous une liste de contacts, de ressources professionnelles pour vous aider ?

- Des solutions créatives existent lorsque le dialogue est tourné vers la résolution de problèmes. Déterminez donc les mécanismes qui vous conviendraient tous les deux et adoptez-les d'un commun accord.

Chapitre 5

À deux pas d'un accord majeur

*Quand on est dans une maison vitrée et qu'on regarde dehors,
notre perception est réduite à l'ouverture des fenêtres,
tandis qu'un professionnel qui nous regarde du dehors
arrivera à nous voir d'un seul coup d'œil.*

SE REPOSITIONNER EN TANT QUE COUPLE

Vous êtes peut-être de ceux ou de celles qui ont choisi d'adopter l'approche « plasticine » dans leurs relations amoureuses. Vous êtes tellement malléable et sans opinion que votre partenaire voit toutes ses initiatives approuvées d'emblée. « J'aime tellement mon nouvel ami que je vais me fondre à ses contours et m'adapter à lui, à ses attentes, à la vie qu'il me propose. Je vais tout faire pour le rendre heureux ! » C'est peut-être une erreur. Au début, la contorsion vous semblera facile et même prometteuse, car l'harmonie régnera tout le temps. Au fil du temps, les apparences et la réalité du couple vont choisir des routes différentes. À force de vouloir projeter que vous êtes « parfait », les expériences de confrontation vont se figer et durcir vos positions jusqu'à vous rendre prisonnier de vos mensonges. Car lorsqu'on ne dit pas honnêtement ce qu'on pense, on se ment à soi-même. Ce moule devenu froid et étroit vous rappelle l'inconfort, la lâcheté, la peur de porter l'odieux d'une rupture. Les fissures de votre relation vont apparaître, ce qui est votre bouée de sauvetage ; sinon, les fausses obligations que vous endossez risquent de vous broyer petit à petit.

L'autre n'a peut-être pas voulu vous imposer cette déformation ; il vous croit heureux ou heureuse. Il se sentira aussi trompé dans cette approche faussée qui vous fait souffrir tous les deux sans l'avouer. Chacun se retrouve piégé et la reprise du dialogue honnête s'annonce difficile. Il vous faudra revenir à la case départ : « Qui est vraiment la personne que j'aime ? Où veut-elle aller ? Nos routes sont-elles compatibles ? Se réaliser, qu'est-ce que cela signifie ? »

> J'en étais venue à ne plus supporter la souffrance que cette situation m'apportait. Depuis que je vis avec Paul, je me sens dénaturée, non respectée, incapable de redevenir moi-même sans risquer de perdre son estime. J'ai le sentiment que je vais détruire l'image qu'il s'est faite de moi. Si je brise le moule, est-ce que mon partenaire va m'en vouloir de gâcher notre vie ? Est-ce la fin de notre union ? J'ai trahi celui que j'aime. Heureusement, j'ai consulté un thérapeute conjugal et il m'a aidée à me libérer de cette prison. Paul m'aime maintenant pour ce que je suis.

Chacun peut s'illusionner et attendre que les choses changent d'elles-mêmes. Plus le temps passe et plus l'inconfort gagne du terrain et démolit la confiance en soi. C'est à l'intérieur de soi que ce jeu du mauvais rôle est le plus destructeur. Il faut une boussole pour traverser une forêt. Il en est ainsi de la vie : les sentiers des autres mènent partout et nulle part. C'est à chacun de trouver le sien en tenant compte de ses propres valeurs. Est-ce que nous faisons fausse route en mentant à son partenaire depuis des années sur notre personnalité réelle ? Courir à droite, à gauche, en arrière pour plaire aux autres, pour obtenir de l'estime ou de la sécurité, ce n'est pas se réaliser. Savoir ce qui vous rend heureux et avoir le courage d'agir pour atteindre vos objectifs, c'est une évolution positive. Des signaux de détresse vous seront lancés, des carrefours vous permettront de redresser vos positions. Arrêtez de faire semblant d'être heureux si vous ne l'êtes pas et parlez-en. Faites une pause qui vous laissera le temps de vous poser quelques questions de base. Le prochain chapitre de votre vie, il pourrait s'écrire autrement, en tenant compte de la personne que vous êtes aujourd'hui et de celle que vous aimeriez être demain. Que voulez-vous faire de votre vie : une mascarade, une duperie, ou mieux, une source d'accomplissement et de fierté ?

Avez-vous encore tellement de temps à perdre ? Plus l'âge avance et plus il devient primordial de revenir à ce qui a de l'importance. Quelle est mon essence première ? Vous avez l'impression d'être devenu comme cette chaise berçante que les expériences ont recouverte de plusieurs couches de vernis, de peinture, de cire. Il faut décaper, une couche après l'autre, jusqu'à retrouver le bois franc, le matériau tout doux qui se cache sous cette carapace. C'est pénible et souffrant de se départir de nos fausses couleurs. L'effort à consentir est pourtant essentiel. Vous en découvrirez les bienfaits à mesure que la légèreté, les valeurs profondes qui vous habitent seront dévoilées. Il y a un grand plaisir à redevenir la personne qu'on est, une sorte de fierté malgré nos imperfections. C'est un sentiment de vérité qui passe de l'œil au miroir puis du miroir à l'œil, éclaire le miroir, même après avoir pleuré et crié la douleur pendant ce grand ménage. La paix qui vient se poser sur le cœur fait tellement de bien ! Tout prend un sens plus juste et vous avez enfin le sentiment d'être à la bonne place : vivant et vivante ! Votre tête, votre cœur et votre corps se remettent en contact. Il devient facile de parler de soi au « je » sans vous trahir, vous renier.

> J'ai longuement regardé une photo de moi prise au moment où je suis tombée en amour avec Jacques. J'étais lumineuse, belle, mes yeux brillaient. J'arrive à peine à croire que celle que je vois aujourd'hui est la même personne, huit ans plus tard. Que m'est-il donc arrivé ? Est-ce que la vie de couple m'a volé ma vie ?

Difficile de faire pénétrer le soleil jusqu'au cœur d'une personne qui porte en permanence son imperméable autour du cœur. Encore plus difficile de passer un signal d'alarme lorsque la tête filtre les messages : « Je n'entends que ce qui me plaît, je contrôle mes sentiments, mes faits et gestes, et j'ignore mes appels " de moi à moi ". Je veux rester dans mon illusion d'amour. »

Le barrage entre l'idéal et la réalité se remplit d'eau et, un bon matin, il va céder sous la pression. Toutes les émotions refoulées vont alors faire des ravages en vous et autour de vous. Le couple sera ravagé, mais il peut néanmoins survivre. L'occasion vous sera alors fournie de revenir à la base, de retrouver la route qui vous réconcilie avec vous-même dans le respect de l'autre.

La colère peut vous gagner… Pourquoi avez-vous été aussi déconnecté de la réalité ? Accueillez vos émotions sans vous juger et apprenez à vous libérer des regrets, des remords, des rancunes. Pardonnez-vous votre entêtement trop idéaliste et construisez une vie de couple basée sur la vérité. Vous serez étonné des bonnes leçons qui peuvent résulter du simple fait de reconnaître ses erreurs. Il y a des pépites d'or qui resteront dans le tamis une fois que l'eau va se retirer. L'exercice va vous enrichir et permettre aux autres d'en bénéficier aussi. Le temps perdu sera vite regagné puisque le reste de votre vie vous appartiendra à 100 %.

DU CINQ POUR UN, CHAQUE JOUR

Selon le spécialiste du mariage John M. Gottman[6], il est facile de prédire l'avenir d'un couple simplement en observant les interactions des deux partenaires pendant quelques minutes, à leur insu. Après 20 ans d'études, de recherches et d'observations sur des milliers de couples, le Dr Gottman en est venu à la conclusion que le ratio magique d'interactions positives dans un couple est de 5 pour 1. C'est-à-dire que, si votre couple a cinq *interactions positives* pour chaque *interaction négative*, vos chances de survie et de bonheur sont excellentes. Plus un couple s'éloigne de ce ratio magique, plus ses probabilités de rupture et de désillusion sont grandes. Comment obtenir plus d'interactions positives et ainsi améliorer considérablement la qualité de votre couple ? C'est facile. Commencez par avoir plus d'interactions positives l'un

---

6. Auteur du livre *Les couples heureux ont leurs secrets*, à consulter dans la bibliographie.

envers l'autre. Et comme par magie, vous récolterez le fruit de vos actions. La vie de couple est assez simple : vous n'y récoltez que les sentiments que vous y avez d'abord semés. La politesse et la reconnaissance ne valent-elles pas mieux que le mépris et l'arrogance ?

Voici des exemples d'interactions positives :

- Tu as bien dormi, mon trésor ?
- Merci d'avoir préparé le lunch des enfants aujourd'hui.
- Je te souhaite une très bonne journée au travail.
- Fais attention sur les routes !
- Allô coucou, juste un petit courriel pour te dire que je pense à toi et te souhaiter une belle journée !
- J'ai passé une superbe journée au travail aujourd'hui.
- Qu'aimerais-tu qu'on fasse ce soir, mon amour ?
- Ce serait agréable d'inviter nos amis Michel et Julie à souper le week-end prochain, qu'en penses-tu ?
- J'ai pensé à toi aujourd'hui et je t'ai fait une surprise...
- Tu es belle (beau) et tu sens si bon, c'est incroyable.
- Si tu es libre, je t'invite au resto et au ciné vendredi soir.
- Tu aimerais que je te fasse couler un bon bain chaud, chéri(e) ?
- J'ai lavé les vitres de ta voiture et j'ai ajouté du lave-glace dans le réservoir.
- Aimerais-tu que je te fasse un petit massage des pieds ?
- J'aime ça lorsque tu m'ouvres la porte de la voiture, c'est gentil.
- Mon chum, il est superfin, il m'aide beaucoup dans la maison. C'est un compagnon que j'apprécie...
- Amour, j'ai très très envie de te faire l'amour ce soir.
- Qu'est-ce qui te ferait plaisir pour le week-end ?
- Veux-tu prendre un peu de temps pour toi, je vais m'occuper de tout...

Et un aperçu des interactions négatives :

- Tu as ronflé toute la nuit !
- Toi, tu n'as pas arrêté de tousser et de me donner des coups de coude !
- Je me sens fatigué !
- J'ai mal à la tête !
- Je déteste ça quand tu prends trop de vin !
- Je déteste écouter cette émission de radio !
- Je n'aime pas ça lorsque tu laisses ta vaisselle sale dans l'évier !
- Je déteste la routine d'aller manger chez ta mère tous les dimanches !
- Tu penses rien qu'à toi. Tu es tellement égoïste !
- Baisse le son de la télévision, je ne peux pas dormir !
- As-tu encore oublié de sortir les vidanges ?
- Baisse le « tabarouette » de siège de toilette quand tu y vas ! C'est pas sorcier…
- Tes bas sales qui traînent partout, je ne suis plus capable !
- Tu mets trop (ou pas assez) de sel dans ta bouffe !
- Combien de fois dois-je te dire que je préfère du lait 1 % et non pas 2 % ?
- Tu as encore oublié d'aller porter le film au club vidéo !
- À la maison, mon chum « rote et pète » toujours après ses repas !
- Comme d'habitude, tu planifies d'abord avec tes chums de gars !
- J'ai pas le goût de me fendre en quatre pour toi : tu n'apprécies jamais rien.
- Depuis des jours, je te répète de ranger le sous-sol. Qu'est-ce que tu attends ? Le père Noël ?

La liste des interactions témoigne des nombreux ajustements de la vie à deux. Aimeriez-vous savoir comment multiplier les interactions positives? Vous pouvez notamment féliciter l'autre plus souvent, placer quelques compliments qui lui soulignent ses qualités avant de faire une demande, donner une rétroaction positive sur ce qui a été fait comme progrès avant de formuler des listes d'obligations non encore comblées, prendre l'initiative de récompenser, de souligner des occasions agréables, accueillir les réactions avec le sourire, même si elles ne sont pas celles que vous souhaitiez, laisser un peu de liberté à l'autre pour qu'il puisse prendre des initiatives qui vous surprendront. Sortez de la routine pour un soir, une nuit, un congé de devoirs et de leçons en tant que parents; inventez-vous un code intime pour vous rendre complices sans que les autres témoins n'interfèrent entre vous, partagez vos sources de motivation afin de vous inspirer l'un de l'autre.

Le principe de la muse demeure une force incroyable pour un couple en quête d'une relation qui se renouvelle constamment: la divinité en moi voit et reconnaît la divinité en toi. Une admiration mutuelle n'a pas de prix! Tirée de la spiritualité hindoue – en sanscrit: *namaste* –, cette façon d'appeler le meilleur de l'autre produit des effets constants et évocateurs. Au lieu de taper cent fois sur le défaut qui vous semble s'enraciner, appréciez sa plus grande qualité et elle finira par faire fondre les autres irritants. Portez votre attention sur ce qui est le plus beau en lui ou en elle, admirez la divinité et, au-delà du cliché, la transformation sera visible et vous rendra tous les deux meilleurs.

UN PREMIER BILAN

Pour plusieurs couples qui vivent une relation basée sur les habitudes, on n'arrive pas à savoir exactement pourquoi leur passion s'est refroidie. Vous avez simplement l'impression que vos sentiers s'éloignent de plus en plus... Les conversations deviennent des rapports sur la vie quotidienne, mais le cœur n'y est plus, la tête et le corps non plus. C'est le temps d'y voir! Voici comment faire un premier bilan de départ entre vous, question de mesurer la distance qui s'est créée à votre insu.

- **Moi,** comme personne, comment ça va?
  Quelles sont les sources de tension qui m'affectent?
  a) Dans mon couple?
  b) Dans ma vie professionnelle?
  c) Dans ma vie de famille?
  Quelles sont mes sources de plaisir dans ma vie actuelle?
  Quels sont les moyens qui me permettent de me détendre?
- **Dans mon couple, avons-nous des difficultés précises?**
  Y a-t-il un ou des éléments qui menacent notre relation?
  Quels sont les bons moments qui nous rapprochent?
  Sont-ils fréquemment mis à l'horaire?
- **Dans ma famille,** arrivons-nous à vivre de bons moments?
  Y a-t-il des irritants qui sont sources d'échec ou de frustration?

  Puis-je ajouter une ou des activités spécifiques où chacun peut bénéficier d'un contact privilégié?

  Comment se sent-on comme parent au sein d'une famille recomposée?

  Approche-t-on les enfants, les siens, les miens, les nôtres, avec des attitudes forcées? Où se situent les malaises les plus fréquents?

  Quelles sont les plus grandes sources de réconfort pour soi, comme parent? Se sent-on valorisé dans chacune de nos relations parent-enfant?
- **Envahissement:** Arrivons-nous à retrouver notre conjoint en dépit des responsabilités familiales?
- **Épuisement:** Avons-nous suffisamment d'énergie en banque pour nourrir notre vie de couple?
- **Que faire?** Avons-nous une ou des solutions à partager avec notre partenaire?
- **Compenser?** Quels sont les mécanismes qui nous ont permis de durer malgré tout? Y a-t-il du bon dans cette attitude? Par quoi peut-on remplacer les mauvaises réactions?

LES SOINS DU COUPLE

Nous avons parlé dès le début de la relation de l'importance d'être soi-même et de conserver une estime de soi très présente au moment de former un couple. Cette stratégie amène chacun à assumer ce qu'il est et à exprimer ses besoins au quotidien. Il faut ajouter à cela une certaine discipline afin de ne pas oublier que les soins du couple tiennent une place centrale dans la vie de tous les jours. Il est si facile de déplacer nos priorités, sur le coup du stress et des imprévus. Prioriser, c'est choisir l'ordre d'importance des points qui comptent vraiment. Si votre couple vit des crises ou risque d'éclater, les effets seront beaucoup plus dévastateurs. Le temps de qualité est aussi important dans un couple que l'eau et le soleil dans un jardin.

Le premier signal indiquant que votre couple n'est pas suffisamment nourri, c'est lorsque l'un et l'autre se mettent à donner **plus** afin que l'équilibre soit en apparence préservé. L'un travaille **plus** parce que les budgets sont serrés (il veut compenser, mais son absence est négative) et l'autre assume **plus** que sa participation normale. En attendant, les relations s'alourdissent. L'épuisement va augmenter la tension, malgré toute la bonne foi que chacun y mettra. La pression montera de **plus en plus**.

La problématique souvent utilisée pour expliquer ces ratés, c'est celle du manque de temps. Tout le monde vit sans s'arrêter et les relations humaines en souffrent. Ne pourrions-nous pas plutôt parler de notre gestion du temps ? Qu'est-ce qui a la priorité ? Revoir ses priorités de couple, puis les besoins réels du budget et, enfin, redresser les horaires afin que chacun ait du temps pour lui-même, pour le couple, pour la famille et pour des loisirs qui évacueront le stress. Il y a une lueur d'espoir dans la façon de faire autrement, de planifier sur d'autres bases au lieu de s'entêter à foncer dans le mur en fermant les yeux. La détermination aveugle n'a rien d'édifiant lorsqu'elle conduit à l'éclatement du couple. Il faut prendre le temps de se rencontrer !

Organiser l'environnement afin que les conflits périodiques n'aient pas lieu; parvenir à déjouer les situations conflictuelles; désamorcer habilement les guerres de position avant qu'elles ne créent des ornières. L'un et l'autre, vous pouvez détecter les problèmes potentiels. D'un effort commun, acceptez d'agir sur les causes au lieu d'avoir à recoller les morceaux.

Qui va prendre l'initiative d'aborder des sujets difficiles? Celui qui est le premier conscient que le mur est devant! Cela peut être simplement de permettre à l'autre d'exprimer ses attentes, d'ajuster vos besoins respectifs sur la base du consensus, de serrer les coudes ou de vous donner la main pour affronter un moment difficile ensemble, au lieu de vous éloigner ou de vous isoler. La solidarité peut sembler un bien mince réconfort, mais, lorsque le couple arrive à la mettre en place dans des situations prévisibles, elle sera déjà installée et vous semblera irremplaçable en cas d'imprévus. Dans les moments de crise, on peut solidifier une relation au lieu de la détruire.

FACE À L'INACCEPTABLE

L'historique des couples peut receler des problèmes graves où la résilience de l'un cache les déficiences de l'autre. À quel moment une victime de violence conjugale, d'un conjoint d'alcoolique, d'une manipulatrice chronique ou d'un déviant sexuel peut-il subir et tolérer des situations intenables? Certains ne s'en sortent pas, il faut le déplorer et… ne pas attendre cette extrême tension pour réagir. La personne qui subit doit avoir le courage de trouver les appuis dont elle a besoin pour dénoncer et se soustraire à ces mauvais comportements. L'après-décision permettra de trouver les mécanismes de rétablissement et, si l'amour survit, le couple pourra se reconstruire sur des bases respectueuses.

Vous êtes piégé dans ce type d'amour destructeur? Pouvez-vous désamorcer les escalades agressives qui menacent votre quiétude? Essayez de le faire soit en exigeant une pause pour des raisons de santé, soit en vous éloignant du couple pour un temps d'arrêt afin de reprendre le contrôle de votre vie, de pouvoir revenir à vos besoins. Découragez tout comportement inacceptable en faisant une contre-argumentation immédiate, du tac au tac, mais sans animosité; évitez les discussions qui débordent sur un flot d'émotions incontrôlables; proposez des solutions constructives; demandez à votre conjoint de suggérer aussi des approches acceptables afin d'éviter la répétition de violence ou des situations limites entre vous. Si la frustration et la colère s'amplifient malgré vos actions, consultez et obtenez de l'aide rapidement. Pour contrecarrer la violence, le premier geste à poser est d'en parler à des tiers «aidants», à des facilitateurs qui vous aideront à résoudre des déviances installées depuis longtemps sans risquer peut-être votre vie.

Encourager les comportements souhaités, être attentif à tous ces petits gestes qui démontrent sa bonne foi, féliciter ou souligner les efforts qui mènent à des relations harmonieuses, cela semble de la pensée magique, mais c'est à chaque fois un pas en avant.

Pour atteindre le 5 pour 1 chaque jour, la vigilance et l'attention à l'autre doivent rester toujours allumées. Des petits mots d'amour sur le frigo au coup de fil de deux minutes pour rappeler à l'autre que vous pensez à lui, sans oublier l'accueil à son retour à la maison, tout cela vous fera marquer des points sans qu'il n'en coûte rien. Être positif, spontané, rebondir avec un brin d'humour, c'est tellement plus agréable et rentable pour votre capital commun. Il vaudrait mieux ne pas le faire avec un élastique, dans le style: «Après tout ce que je fais pour toi, tu me dois bien un mot gentil»... si vous ne voulez pas voir rebondir les bonnes intentions à rebours.

Et la famille, dans tout ça?

Les couples harmonieux arrivent à partager certaines tâches familiales, notamment les moins attrayantes, en les alternant d'une semaine à l'autre ; on affiche la liste des tâches et chacun choisit le moment pour les exécuter selon son emploi du temps ou son humeur, sans que des reproches ou la manie de talonner l'autre ne jette de l'huile sur le feu. Lorsque les enfants viennent compliquer ces pratiques en laissant tout traîner, certains parents ont mis un bac dans un coin, ce qui s'avère très efficace. La boîte mange tout ce qui traîne et les enfants finiront par y penser à deux fois avant de sacrifier de belles minutes à chercher ce qui leur manque. La leçon portera et la discipline s'ajustera sans que les parents n'aient à répéter inlassablement les mêmes tirades.

> *Avec un fils hyperactif, notre vie de couple est devenue infernale. Tous les jours, de nouveaux conflits éclatent. Nous avons des approches tellement différentes concernant l'éducation de Charlie. Cette difficulté va finir par tuer l'amour que nous avions l'un pour l'autre.*

L'heure des repas, qui devrait se vivre dans une atmosphère positive, peut être une source de conflits assez dévastateurs. Les crises y couvent le plus souvent parce que la communication est constamment perturbée par les demandes des uns et des autres. Évitez d'annoncer des mauvaises nouvelles ou de régler des problèmes majeurs dans ce contexte. Abordez des sujets qui peuvent autant convenir aux petits qu'aux plus grands ou laissez chacun prendre la parole à tour de rôle pour deux minutes d'info. Si l'humour est au rendez-vous, le plaisir de partager ce qui vous est arrivé de plus drôle dans la journée sera bénéfique. Attribuez une récompense à celui qui aura la meilleure attitude en lui donnant le privilège de choisir le menu du lendemain, par exemple. La qualité d'écoute ne doit pas être perturbée par la télévision, les baladeurs ou les téléphones : créez une «zone d'aquarium» autour de la table familiale et respectez les heures de repas dans la routine. Profitez des échanges sur les goûts alimentaires de chacun pour signifier le droit à l'unicité et à ses préférences tout en suscitant l'intérêt pour composer des menus où chacun participe, d'une quelconque façon.

Si le repas est un acte de coopération, la solidarité s'exprimera bien et suivra un temps pour régler les autres problèmes du jour, une fois la table desservie et la cuisine rangée. Il faut souvent se rappeler que nos enfants écoutent ce qu'on leur dit, mais ils imitent ce que l'on fait. Donner l'exemple est contagieux. Pourquoi ne pas faire en sorte que nos messages d'harmonie deviennent des mets-sages?

Dans mes années de pratique, une constatation revient fréquemment : lorsque le couple n'est pas solide, la famille ne peut s'épanouir dans de bonnes conditions. Il vaut mieux attendre, pour avoir des enfants, de sentir que les deux personnes sont sur la même longueur d'onde, prêtes à vivre cette étape, que de précipiter les choses. Même constat pour les familles reconstituées. Réunir deux familles nécessite un pont très solide entre les deux partenaires, car les zones d'inconfort seront multipliées au quotidien. Mais le moment venu, vous saurez prendre ensemble les décisions qui favoriseront la stabilité émotionnelle des enfants.

Les devoirs et l'utilisation des heures de loisirs entraînent, on le sait, des conflits qui sapent la vie conjugale à la longue. Certains parents ont recours au « contrat » pour négocier la relation devoirs-loisirs-amis, et c'est souvent une attitude gagnante à long terme pour les adolescents autant que pour les parents. En cas de conflits, un bon dialogue où l'adulte clarifie ses attentes fera office de consignes pour créer chez le jeune une attitude respectueuse envers lui-même, ses professeurs, ses amis, ses frères et sœurs, tout en lui apprenant à respecter l'autorité positive des parents.

Viennent aussi les moments d'intimité. Prenez-vous le temps de vous retrouver? Très tôt, les enfants peuvent décoder que leurs parents ont des choses à se dire et du plaisir à être ensemble juste tous les deux. La première complicité du couple est : quoi dire à mon enfant pour expliquer ce besoin d'intimité. Les explications varieront avec l'âge, mais tentez d'être simple. Vos besoins sont légitimes. Même constat sans culpabilité lorsque vient le temps de faire garder les enfants. De plus, partagez entre adultes les informations concernant les questions adressées par les enfants à ce sujet; ainsi, les réponses seront adaptées à des remarques ou à des observations que l'enfant fera progressivement. Les marques de tendresse du couple en présence des enfants sont d'ailleurs une excellente façon de démontrer que l'amour rapproche les adultes. En cas de pépins, pas de blâme ni de chasse au coupable: la vie évolue et les parents doivent s'outiller pour agir au lieu de réagir.

Toutes ces situations nous amènent à mettre en commun les forces présentes dans le couple et dans la famille pour faire de notre objectif de 5 pour 1 une approche permanente d'assurance-bonheur. D'autres sources de conflits, comme les décisions majeures, la gestion budgétaire, l'adaptation à la maladie, les pertes d'emploi, les relocalisations, sont génératrices d'un stress maximal. Le couple est une entreprise, la famille est une équipe, le bien-être de chacun est une mission et le bonheur une récompense. Tant que les partenaires restent sensibles aux qualités de l'autre, demeurent à l'écoute de leurs propres attentes, savent transmettre leurs demandes clairement, le couple pourra fonctionner et avancer sur la même route.

Pour que le couple tienne bon face aux difficiles changements de cap, il faut réinventer sans cesse les moments de plaisir et d'intimité, en arriver aussi à se projeter dans l'avenir afin de voir la vie à deux au-delà du moment pénible à traverser. Appelez cela **vos pas de deux**, vos petites danses amoureuses qui apportent un apaisement, un réconfort, une source de complicité tellement nécessaire et bonne qu'on en redemande.

Cette petite récréation renforce les bases de votre relation et vous permet de vous accorder un répit. C'est une façon de résister au poids des responsabilités en apportant une détente et une sécurisation réciproque. Il en résultera des accords partiels sur une foule de petits irritants qui n'ont rien de majeurs. Souvent, quelques instants de folie, de plaisir partagé, cette surprise qui émeut, vous amèneront à retrouver celui ou celle qui vous avait séduit au départ de votre relation. Cette sortie hors piste vous permettra d'être à l'écoute exclusive l'un de l'autre, de partager votre point de vue, vos émotions et de recadrer vos attentes en vous ajustant au nouveau contexte.

Il est plus sage de mettre en veilleuse certains projets et de vous concentrer sur ceux qui sont à la portée de réalisation. Cela n'a rien de dramatique lorsque l'amour, la compréhension et la complicité demeurent générateurs d'accomplissements. Et si vous n'arrivez pas à vous mettre d'accord, n'en faites pas la démonstration devant les enfants. Ils seront tentés de prendre parti pour l'un ou l'autre et il y aura une perte de crédibilité bien inutile.

Votre meilleure initiative? C'est de surprendre l'autre au moment où il est à son meilleur; c'est remarquer cet effort qu'il ou elle a fait pour vous rendre la vie plus belle; c'est entourer au crayon la date où vous vous retrouverez pour votre prochain rendez-vous intime; c'est semer des sourires dans sa journée; c'est souligner qui est à l'origine de votre énergie pour lui redire l'importance qu'il tient dans votre vie. C'est profiter de chaque occasion pour vous rapprocher. Cette capacité de cueillir l'instant présent et d'en faire un bouquet de gentillesses redonne de la vitalité à votre relation. C'est un antidote sans pareil.

LORSQUE LA SÉPARATION DEVIENT INÉVITABLE

Deux personnes qui évoluent en mettant à profit leur potentiel respectif peuvent-elles rester unies et faire route commune sans renoncer à leurs propres aspirations? La vie nous présente différentes occasions de réaffirmer nos choix, de se re-choisir en actualisant nos projets personnels et communs. Ce sont des carrefours de vie qui nécessitent un arrêt puis un retour sur la destination et l'objet du voyage. Des couples voient leur amour s'effriter, l'infidélité s'est infiltrée dans la relation, la confiance et la communication ont perdu tout leur sens. Comme des groupes rock au sommet de leur gloire qui choisissent de faire cavalier seul, il est possible de sortir à droite lorsque l'autre veut aller à gauche. Le faire avec maturité implique que la décision a été prise dans un échange respectueux des valeurs de chacun.

Quelques questions peuvent vous aider à faire cette révision :

- Diagnostiquer les carences du «je» dans votre couple ;
- Reprendre son souffle en une semaine ou plus ;
- Accepter le fait d'être imparfait et l'assumer ;
- S'aider entre conjoints sans tout laisser reposer sur l'autre ;
- Réviser ses attentes face à l'autre, les rendre réalistes ;
- Se pardonner ses faiblesses pour mieux refaire surface ;
- Nettoyer les blessures malsaines qui créent la corrosion ;
- Choisir en faisant consensus, à partir d'aujourd'hui.

Être d'accord pour se séparer nécessite le même niveau de communication et des efforts équivalents que de choisir d'être d'accord pour redresser tout ce qui nous empêche de «bien vivre ensemble».

CERTAINS PRINCIPES À REVOIR

Bien intentionnés, les partenaires amoureux transportent dans leurs bagages un certain nombre de croyances qui conditionnent leur conduite, parfois même sans qu'ils en soient conscients. Pour vous en donner quelques exemples, reprenons des commentaires de couples qui viennent en consultation au Centre de ressourcement Attitude.

Premier exemple

Craindre d'admirer son partenaire de vie. Cela ne vous rend pas inférieur : si vous ressentez que l'admiration que vous portez à l'autre nuit à l'image que vous avez de vous-même, c'est que votre estime personnelle souffre d'une certaine carence. Le fait d'admettre les qualités de son partenaire, de souligner ses valeurs ou de vanter ses mérites n'indique pas que vous êtes soumis à cette personne. Soyez à la fois conscient de vos propres forces et des siennes afin de former une équipe qui s'estime réciproquement. Deux individus complets et épanouis font un meilleur couple lorsque chacun se sent valorisé par l'autre. Refusez d'être des « con-joints » et soyez fier de la personne enrichissante que vous avez choisie comme compagnon ou compagne de vie. Pas nécessaire de l'idolâtrer non plus : la réciprocité de ce sentiment d'admiration est une prise de conscience qui peut rester discrète, mais qui se sent lorsque les autres vous regardent agir ensemble. Un grand homme élève sa femme et en fait sa muse ; une grande femme apprécie et admire son homme et elle le soutient afin que les deux s'élèvent ensemble.

> *Je pense que Robert a vraiment trouvé la perle rare ; il témoigne à Johanne une attention qui la fait paraître encore meilleure : on sent qu'il est fier de ses succès et qu'il l'épaule avec tout son cœur. Quelle belle relation !*

Deuxième exemple

Raconter à des tiers les secrets du couple. Les femmes entre elles et les hommes entre eux laissent filtrer des informations ou confient des moments très intimes à des tiers en croyant que c'est inoffensif. Deux amis qui se retrouvent au bar de danseuses vont-ils aller trop loin ? Deux belles-sœurs se sentiront-elles complices de partager les ratés de leurs partenaires au lit ? Lorsque vous rabaissez votre partenaire, vous vous rabaissez aussi… Il y a des zones d'intimité à respecter. Des professionnels pourraient être appelés à donner des informations plus appropriées ou à proposer des solutions, ce que les amis et les membres de la famille ne pourront sans doute pas faire. Toute confidence peut s'attaquer à la confiance et, sournoisement, revenir comme un boomerang vers celui qui a trop parlé. Je ne veux pas dire de taire la violence ou le non-respect : je parle ici de sujets personnels, sexuels, dégradants lorsqu'ils sont interprétés par un tiers et hors contexte. Respecter son couple signifie mériter la confiance de l'autre et se rendre digne d'accueillir ses faiblesses sans le dénigrer.

> *Tu sais, Paul, j'ai un problème dont je ne peux parler à personne. Mais, entre nous, ma femme a beaucoup pris de poids après la naissance de notre deuxième enfant et je ne la reconnais plus. Lorsque je la regarde, je suis incapable de m'abandonner aux jeux sexuels comme avant. J'ai pris l'habitude de fantasmer sur les films XXX. Entre toi et moi, c'est fou comme les femmes taillées au couteau m'attirent. Je me sens coupable, mais je continue d'aimer ça.*

Troisième exemple

Diaboliser le voyeurisme au masculin. Les hommes aiment regarder leur partenaire et en apprécier les attributs physiques. Les femmes apprennent très tôt à rechercher l'attention des hommes, mais il arrive qu'une gêne excessive, une pudeur ponctuelle, voire une mauvaise lecture de ce regard masculin posent problème dans l'intimité du couple. Certains complexes viennent bloquer cette complicité visuelle qui permet aux amants de se désirer d'abord à travers le regard. Dans l'intimité du couple, l'homme complimente sa partenaire en la dévorant des yeux. Est-ce du voyeurisme ? J'y vois plutôt un ingrédient flatteur qui permet de rapprocher les amants. Condamner cette façon d'apprécier la beauté n'est pas approprié, à moins qu'il ne s'agisse d'un excès. Les hommes assument depuis plus longtemps cet aspect de leur stimulation sexuelle. Pour amorcer un bon dialogue sur le sujet, faites l'exercice de regarder un film XXX ensemble puis, lorsque l'occasion s'y prête, abordez la question du voyeurisme, des complexes, des tabous, des inhibitions et des stimulants. Nous en reparlerons au chapitre 6 avec plus de précision.

Quatrième exemple

Abuser des crises de larmes. Pleurer, pour une femme, est une façon d'évacuer une surdose d'émotions. Cela peut aussi être une façon de manipuler le partenaire, d'obtenir son consentement sans avoir à négocier par des arguments logiques et rationnels. Lorsque chacune de vos querelles se termine dans les larmes, le problème de la culpabilité de l'autre va devenir une arme de plus en plus destructive. Les affrontements musclés suivis de réconciliations enflammées, les crises de larmes suivies de bouderies punitives, les messages à double sens suivis d'une absence prolongée pour forcer l'autre à se sentir coupable, inquiet, déstabilisé sont des mauvaises façons de dialoguer. Trouvez un moment calme où les émotions ne sont pas à fleur de peau et abordez la question des crises honnêtement. Si les mêmes situations conduisent à des *patterns* de comportements répétitifs, n'attendez pas trop pour mettre en route votre approche consensuelle.

Cinquième exemple

Modéliser l'amour véritable. La croyance qui veut qu'un seul type d'amour existe, l'amour véritable en somme, est une fausse vision de la réalité. L'amour est une construction où vous apportez chacun la moitié des matériaux et où, au quotidien, vous les mettez à l'épreuve. L'amour est donc unique et ne peut se comparer d'un couple à l'autre.

> *Je me suis attachée à Louis parce qu'il ressemble à Brad Pitt. Au début, je le regardais agir à la maison, au travail, en société, avec ses amis, dans les sorties en faisant: «Wow! C'est mon prince charmant.» Le problème, c'est qu'après la naissance des jumeaux, je me suis sentie tellement moche et laide que j'ai pensé qu'il me quitterait pour une femme plus jeune et libre. Un jour que j'étais en larmes, il m'a prise dans ses bras et il m'a dit: «Je t'aime telle que tu es.» Je suis sortie de ma bulle. L'amour réel n'est pas comme celui qu'on voit au cinéma. Plus je le connais et plus mes sentiments grandissent.*

Si c'est l'inverse qui se produit et que vous projetez un modèle au lieu de vivre votre relation et de l'accepter telle qu'elle est, vous allez la dénaturer. L'un des partenaires a-t-il idéalisé l'amour de ses parents ou, au contraire, craint-il de reproduire les mauvais fonctionnements qu'il a connus dans son enfance? Ces apports peuvent faire partie des discussions, mais ne doivent pas nuire au développement de votre propre amour. La relation s'invente progressivement, mais il n'y a aucune méthode connue qui détermine ce qu'est l'amour véritable. Ce qu'on sait en cette matière, c'est que les sentiments doivent être réciproques, les attentes réalistes, les besoins de chacun clairement exprimés et les rencontres intimes respectueuses dans leur manifestation de cet amour qui est mis en commun.

Sixième exemple
Porter la culotte. Les couples doivent-ils avoir un «chef» et faut-il que l'un des deux prenne le contrôle pour que le véhicule conjugal fonctionne? Ce n'est pas l'harmonie qui découle de cette façon de penser, mais la prise de contrôle au détriment de l'autre partenaire. Qui dit contrôle dit manipulation, et l'expérience amènera une insécurité grandissante. Chacun peut se donner un droit de veto dans le ou les domaines où il excelle: tu fais le bud-

get et je t'appuie ; tu planifies les travaux de rénovation et je t'appuie. Les deux sont toutefois partenaires à parts égales et à implication égale en regard des décisions. Les personnes contrôlantes n'ont pas bien intégré le principe du consensus. Tôt ou tard, le déséquilibre va faire chavirer la relation ! Mieux vaut se redresser maintenant que de vivre le naufrage. Rappelons-nous que nous avons chacun nos forces : il suffit de les faire travailler ensemble, en devenant complémentaires.

Le prochain chapitre nous en apprendra davantage sur la façon d'observer ce qui va bien dans notre couple et ce qui se cache sous des comportements qui se corrodent peu à peu. Les causes, les symptômes et surtout les solutions applicables retiendront notre attention. Il faut admettre une bonne fois pour toutes que personne ne se laisse amener contre son gré dans une relation de couple pour ensuite reprocher à l'autre d'avoir été la cause du litige ou du divorce. Si votre consentement n'était pas verbalisé, si vous avez adopté une attitude passive en suivant l'autre comme un mouton, sans tenir compte de vos attentes, votre engagement est faux. Il est urgent de l'admettre ouvertement à l'autre et de reprendre le fil de la relation en étant participatif à tous les égards.

Certains carrefours de la vie nous amènent à repenser nos choix. C'est peut-être pour vous le moment de vous remettre en question sur le plan personnel et de donner à votre couple un peu plus d'attention. Votre relation a besoin d'une réévaluation, car plusieurs événements ont pu en influencer la croissance. Allons donc explorer ensemble ce qu'il faut faire pour redonner du lustre à votre vie sexuelle.

« IL N'Y A RIEN DE PLUS COMPLET QU'UN COUPLE QUI TRAVERSE LE TEMPS ET QUI ACCEPTE QUE LA TENDRESSE ENVAHISSE LA PASSION. »

- Prendre le temps de préciser quelles sont nos valeurs individuelles et communes en remplissant le questionnaire qui suit :
  1. Les valeurs que je privilégie dans notre couple sont :
  2. Pourquoi sont-elles importantes ?
  3. Une valeur vraiment spéciale que je veux partager avec toi :
  4. Pourquoi est-ce si important ?
  5. Je t'aime parce que je reconnais une valeur unique chez toi :
  6. Si je voulais te dire «je t'aime» en d'autres mots, je dirais :
  7. Je suis heureux ou heureuse de partager ma vie avec toi parce que :

- Trouver un moment pour vous regarder dans les yeux et pour affirmer le lien qui vous unit : «Tu es important pour moi. Je tiens à te dire que je t'aime. C'est un privilège pour moi de t'avoir à mes côtés. Tu embellis ma vie !»

- Consacrer le temps requis à des points que tous négligent, tels que : respecter nos limites, constater que l'autre peut être surchargé, apprendre à parler sans hausser la voix, reconnaître simplement nos erreurs, faire l'effort de réexpliquer notre point de vue, éviter de jouer aux devinettes avec nos intentions, utiliser des mots respectueux entre nous, s'accorder de l'espace de réflexion pour laisser retomber la poussière avant de monter le ton. Il est inutile de laisser la colère, la frustration ou les reproches blesser l'autre.

- Appliquer le principe de réciprocité : je traite l'autre comme j'aimerais être traité.

Chapitre 6

Guerre des sexes ou sexe en guerre

Permettre à deux corps de s'exprimer est l'une des plus belles chorégraphies pour un couple en vie.

LA SEXUALITÉ EN COUPLE

Ce chapitre risque d'être explosif, car nous allons aborder ouvertement le rôle que joue la sexualité dans la relation de couple. Incontournable élément du meilleur et du pire d'une relation amoureuse, le sexe demeure encore aujourd'hui un tabou qui provoque de nombreuses réactions et entraîne des conflits persistants. Éros, le dieu de l'amour, mérite toute notre attention, car ses messages ne sont pas toujours bien décodés. Où en êtes-vous dans les notions de ce qu'est l'amour en lien avec vos activités sexuelles? Êtes-vous capable d'admettre que le sexe, c'est aussi de l'amour, tout comme l'amour n'existe pas sans sexe? Vous vous êtes construit une théorie de l'harmonie sexuelle toute personnelle; pour commencer, partons donc de cette image un peu idéalisée: après la séduction euphorique que vous avez vécue ensemble, vos corps se sont rencontrés une première fois. Pour s'abandonner à ce premier élan, il faut arriver à faire confiance à l'autre, consentir à se dévoiler malgré nos complexes, accepter de s'apprivoiser à travers cette union physique. La complicité amoureuse s'est installée avec peu de dialogue au départ, en suivant d'instinct l'appel des sens, à partir de vos codes de séduction masculin-féminin qui attirent l'autre avec la force d'un champ magnétique: «Je te désire! Je t'aime!»

Certaines personnes trouvent naturellement ou par pur hasard les lois implicites de l'harmonie des jeux érotiques, mais la plupart d'entre nous les apprendront à force de les pratiquer. L'amour est un art comme tous les autres où les talents innés sont assez rares.

Il est toutefois rassurant que chacun de nous puisse apprendre à perfectionner ses performances d'amant et d'amante comme un violoniste apprend à maîtriser son instrument au point de nous émouvoir par la légèreté de son doigté et la subtilité de son jeu. Le meilleur instrument pour vivre l'amour, c'est la caresse qui découvre et s'adapte à l'autre grâce à l'intimité, à la parole, à l'attention portée sur les réactions réciproques aux initiatives de son partenaire. Oubliez les grands concertos si vous n'avez pas d'abord appris l'art de créer de l'harmonie, du désir à l'aide du toucher sensuel, pour arriver ensuite à en récolter les fruits.

L'autre incontournable mécanisme pour appeler l'amour est le baiser, véhicule interactif qui permet de synchroniser deux personnes et de les ancrer l'une à l'autre en quelques secondes. En somme, les étapes du rapprochement sexuel constituent la base même de l'échange physique dans lequel la culture du désir occupe 98 % du temps et la jouissance 2 %. Les baisers font rapidement monter le niveau de désir et peuvent s'attarder des lèvres à toutes les parties du corps. Hommes et femmes ont d'ailleurs une façon de faire très différente à ce sujet et les réponses aux sensations physiques du désir ne seront pas faciles à ajuster.

Si vous croyez qu'il suffit d'avoir lu le Kama-sutra pour y arriver, vous avez intérêt à lire, à écouter, à comprendre mieux les trois pôles des comportements humains. L'art d'aimer implique d'abord un état d'esprit, des attitudes d'accueil et d'abandon réciproque et un contexte qui favorise la pratique d'une sexualité heureuse et vivante. L'accord parfait n'arrive pas du premier coup, aussi vaut-il mieux s'appliquer à le créer si l'on souhaite un jour pouvoir le partager avec le partenaire choisi. Les amants passionnés aiment braver les interdits et se trouvent stimulés par le danger, alors que, pour la plupart des couples, le climat de sécurité et des conditions relaxantes serviront de cadre à un rapprochement sexuel planifié ou improvisé.

L'art d'aimer est un apprentissage progressif. Il demande de l'humilité et de la patience, de l'ouverture d'esprit, de l'attention à l'autre et… beaucoup d'amour à partager dans l'humour et la créativité. Cela n'étant en rien une recette de cuisine, les relations sexuelles spontanées du début de la vie en couple permettent de doser et d'ajuster les attentes, comme de varier la découverte de ce qui plaît à l'autre. L'une des valeurs les plus précieuses qui s'initie dans les premiers échanges amoureux est l'érotisation qui permet au corps, au cerveau et au cœur de participer sans retenue aux pulsations que nous inspire le rapprochement fusionnel, suivi de ce contact sexuel libérateur avec l'autre.

Se préoccuper du corps seulement serait une erreur. Les trois aspects exigent votre consentement, votre participation, car le trio tête-cœur-corps va interagir et déclencher l'imagination qui commande à son tour la fantaisie afin que l'ensemble puisse vibrer comme un instrument à votre disposition pour exprimer le désir de «vivre l'amour» avec votre partenaire. Une seule fausse note et l'équilibre peut être rompu. La sexualité heureuse demande de la sincérité, du courage, de l'inventivité et de l'aisance que les partenaires acquièrent au fil des expériences. La vie sexuelle se nourrit d'érotisme; si vous apprenez à le fabriquer en mariant sensualité et imagination, jamais vos relations sexuelles ne seront monotones.

La connaissance de son propre corps fait souvent obstacle à cet état de symbiose, tellement recherché dans notre société hyper-sexualisée. On peut croire que la complicité qui s'établit dans le couple au fil des mois et des années va favoriser cette acceptation de son corps en utilisant les mille et un trucs d'érotisation qui font partie du répertoire actuel. Or, c'est ce qui devrait arriver de meilleur, une fois que les partenaires sont à l'aise et libres d'exprimer leurs besoins sexuels en toute confiance. Mais avec l'habitude, c'est souvent l'inverse de la créativité qui se fait un nid dans la relation sexuelle: l'attirance décroît, l'attrait de la nouveauté fond peu à peu et les contraintes de la vie familiale perturbent les rapports sexuels qui finissent par se ternir, s'espacer, se banaliser. L'ennemi du couple qui s'infiltre ici s'appelle **l'ennui**. Ce qui était passionné deviendra une habitude ou une activité répétitive... quasiment un devoir. L'amour et la sexualité prendront leurs distances et dormiront dos à dos si vous n'y portez pas attention. Parmi les pièges d'une vie sexuelle énergisante et saine, la monotonie tient une grande place et ouvre la porte à des stimulations extérieures qui ne sont pas toujours positives. Pensons à l'infidélité, notamment.

COMPRENDRE LES PULSIONS

Garder la tension sexuelle positive dans un couple après plusieurs années implique une attention toute spéciale et des connaissances du comportement complexe du désir chez l'homme et chez la femme. Bien connaître son corps et savoir localiser les zones érogènes qui nous font vibrer demandent une révision régulière, car vous apprendrez que votre corps évolue au fil du temps.

> *Il s'entête à me faire l'amour toujours de la même façon et je n'ose pas lui dire que j'aimerais bien essayer de nouvelles expériences. Comment lui dire cela sans le blesser... Il est persuadé que j'aime sa façon de m'approcher. En fait, je l'aimais au début mais, aujourd'hui, j'ai besoin de stimulations différentes. Est-ce qu'on pourrait améliorer cette situation ?*

Une reprise du dialogue sur les stimulations peut s'amorcer par un jeu comme celui de regarder des corps masculin et féminin et de marquer d'un X à tour de rôle, en l'expérimentant, le point qui vous fait réagir. Le jeu permet de donner une appréciation de chacune des zones érogènes, sur une échelle de 0 à 10, par exemple. «Lorsque tu effleures mon sein avec le bout de ton doigt, c'est un 7, mais avec ta langue, c'est un 9...» Et au tour de la partenaire d'initier un geste et de faire quantifier par l'autre le degré d'érotisation de chaque partie du corps.

C'est une école de sensualité que ce simple exercice et, de mois en mois, vous verrez surgir des zones – et des habiletés aussi –

qui actualiseront le corps de l'autre, tout en favorisant l'intimité amoureuse. Le corps est une carte géographique avec ses zones humides, sensibles, fertiles, et l'explorateur à l'affût tente de conquérir vos espaces d'intimité. Dans cette perspective, faire l'amour en dix minutes n'est pas très original – quoique, à l'occasion, ce soit un bon électrochoc –, car, même si la stimulation fait passer la tension du désir en jouissance, la sensation de plaisir sera superficielle. La communion intime n'aura pas vraiment lieu. Que les baiseurs lisent donc ce qui suit.

Chez l'homme, la poussée du désir permet d'atteindre un orgasme en moins de trois minutes, mais chez la femme, il faut plutôt de 13 à 15 minutes de stimulations continues et variées pour atteindre un orgasme. Les relations de couple souffrent cruellement de cet écart entre le moment où les préliminaires se vivent et celui où le corps offrira une réponse physique aux stimuli. Apprendre à vivre avec ces différences physiologiques permet aussi de défaire le mythe de la jouissance simultanée.

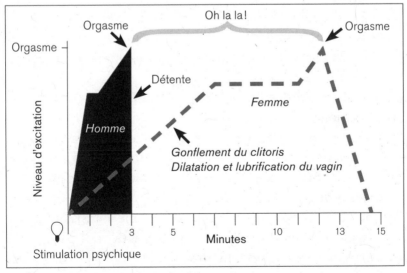

Diagramme homme et femme
Source : *Pease International Research, GB.*

Les trucs les plus inusités ont été publiés afin de nourrir l'imagination des couples en quête d'harmonisation. «L'appétit vient en mangeant», disait ma tante en faisant un clin d'œil malicieux à son mari… Pour vous mettre sur la piste des petits changements qui font beaucoup d'effet, je vous en propose quelques-uns qui font appel autant à la séduction qu'à l'érotisme :

- Réveillez-vous la nuit pour faire l'amour ;
- Faites-vous des photos intimes ou des séances vidéo privées ;
- Faites l'amour sous la douche ou dans la baignoire à la pénombre ;
- Caressez-vous en regardant la télévision ;
- Profitez d'une nuit chaude pour faire l'amour dehors ;
- Offrez un massage érotique à votre partenaire avec des huiles choisies ;
- Passez une nuit à l'hôtel et partagez un petit dîner sexuel ;
- Organisez une dégustation crème, fraise, champagne sur le lit ;
- Osez faire un strip-tease avec musique et éclairage pour son anniversaire ;
- Créez vos dessins érotiques et illustrez vos fantasmes pour les partager ;
- Chuchotez des mots doux ou coquins, des confidences érotiques ;
- Préparez un dîner léger, suivi d'une sieste en guise de dessert ;
- Masturbez-vous réciproquement pour mieux apprendre les codes ;
- Embrassez-vous d'une façon plus intime et insistante pour témoigner votre désir et réveiller les sens de votre partenaire ;
- Trouvez un langage amoureux qui vous est propre et que les autres ne peuvent décoder pour dire à votre partenaire : «J'ai envie de toi maintenant… » ;

- Laissez aller votre imagination et acceptez que l'autre puisse vivre aussi ses pulsions sans exercer un contrôle sur le lieu, le moment, la durée;
- Donnez à votre corps la permission de jouir pleinement sans toujours intellectualiser ce besoin naturel d'exploser par amour, de libérer cette énergie formidable qui unit deux personnes qui s'aiment;
- Dorlotez votre corps afin de vous sentir en confiance, n'hésitez pas à vous offrir des sous-vêtements suggestifs et des parfums qui éveillent les sens.

Il faut se rappeler fréquemment que les fondations d'une vie sexuelle saine sont les mêmes que celles d'un couple qui cherche une relation harmonieuse : une bonne connaissance de soi, la curiosité de découvrir l'autre, de lui plaire et, la communication respectueuse entre vous. Cela se vit autant dans la cuisine que dans le lit conjugal. Or, les mécanismes du désir posent un problème de synchronisation important. Les hommes voient leur désir partir du bas et monter, alors que les femmes vivent l'inverse : le désir part du haut pour descendre vers le bas.

A) **L'homme** est un feu et son désir sexuel s'enflamme d'abord par l'érection pour gagner ensuite le cœur et la tête.

B) **La femme** est une chute d'eau qui coule et la force de son courant sexuel part du cœur et de la tête pour descendre vers les parties génitales.

Malgré ces constatations, rien n'est jamais pareil deux fois sur cette terre. Voilà pourquoi en matière de sexualité les théories universelles sont rares. Si vous croyez que les hommes et les femmes sont figés sexuellement dans un modèle unique, c'est que vous ignorez la loi du changement. À chaque seconde, votre corps se transforme, vos opinions changent, vos besoins et vos humeurs aussi. Au fil du temps, les rapports entre vous deux et, par le fait même, vos attentes sexuelles vont changer progressivement.

> *Ma femme est en pleine ménopause. Je ne la comprends plus. De son côté, elle me reproche mon manque de désir. Suis-je aussi responsable ? Est-ce ça, l'andropause ? Moi qui croyais qu'avec le temps les couples finissaient par trouver l'harmonie.*

L'âge a une influence, hormonale notamment, sur la sexualité, mais chaque couple peut s'y adapter. Autrefois, les couples vivaient ensemble 20 ans et l'activité procréatrice était la raison fondamentale de cet accouplement programmé génétiquement afin d'assurer la survie de l'espèce. Au troisième millénaire, la perspective de vivre 100 ans et d'avoir une vie sexuelle active de 80 ans nous lance un tout autre défi : celui de se renouveler, de trouver dans la satisfaction sexuelle d'autres motifs d'épanouissement que celui de procréer. Soit vous changez de partenaire en fonction des besoins du moment, soit vous évoluez avec un seul partenaire en tenant compte des attentes spécifiques de chaque grande transformation de votre cycle de vie.

LES HAUTS ET LES BAS

Les spécialistes prétendent que l'éveil sexuel chez l'humain se passe autour de 18 mois. Les bébés sont déjà conscients de leurs sensations même si le langage n'est pas encore développé. C'est cette précocité qui explique que les hommes et les femmes apportent avec eux, jusque dans leur chambre à coucher, l'héritage de la sexualité de leurs parents et grands-parents. Au lit, toi et moi nous sommes huit et parfois plus. Cette observation démontre l'influence parentale qui peut, occasionnellement ou sur une base régulière, déstabiliser votre vie à deux. Ainsi, lorsque les enfants surprennent leurs parents au lit, par exemple, ils ont une réaction de souffrance qui s'enregistre quasi automatiquement. « C'est traumatisant de jouer aux amoureux ! » pensent-ils. Les papas sont méchants et les mamans ont mal. Les explications viennent en général trop tard et avec des mots qui ne conviennent pas toujours. Il faut leur expliquer dès qu'ils sont conscients de cette réalité que ce sont des jeux d'adultes qui s'aiment. Lorsqu'on joue à se bagarrer, on ne se fait pas mal : on s'amuse ensemble même si on crie parfois.

La sexualité dans un couple est une sorte de thermomètre de la relation. Pas étonnant que 75 % des divorces désignent la mésentente sexuelle au premier rang des causes avouées, conduisant à l'infidélité ou à une jalousie destructrice. Mais hier, ces couples-là s'aimaient éperdument. Aujourd'hui ils s'accusent de tous les maux. À force de tirer l'élastique, il se défait ou vous revient au visage. Pour les femmes qui ont tendance à dramatiser tout à l'extrême, l'absence du père a pu créer une carence affective que rien ne viendra combler. Pour les hommes, souvent étouffés par une mère envahissante, c'est une incapacité à accepter de se sentir envahis qui les éloigne de la vie de couple.

La sexualité de vos 18 ans n'a rien à voir avec celle d'un couple heureux de 81 ans. Il est merveilleux de constater que des couples arrivent à approfondir leur amour et à réinventer leur vie sexuelle entre ces deux pôles de leur vie avec le même partenaire. L'intimité et la complicité amoureuse gardent les couples en vie lorsque cette adaptation se fait, avec ou sans conflits, en conciliant les besoins et les attentes des deux amants. Force est de constater que le fait de changer de partenaire fréquemment n'apporte pas toujours ce sentiment d'accomplissement profond du trio cœur-tête-corps.

> *Savais-tu que ton conjoint fréquente les clubs osés avec ses copains du bureau ? Ils aiment se rincer l'œil aux peep shows. Moi, si Jacques me faisait ça, je me sentirais trahie et ce serait le divorce illico. Comment fais-tu pour tolérer cela, toi qui es si amoureuse de lui ?*

L'apparition de conflits est un signal du besoin d'attention qu'il faut porter à cet aspect important de la vie du couple qu'est la sexualité. Cependant, éprouver des difficultés sur le plan sexuel ne signifie pas que le couple se dirige vers un échec. Jeter la serviette lorsqu'un conflit éclate, sans avoir le courage ou l'honnêteté de se remettre en question, est une attitude défaitiste. Lorsque les discussions, les colères, les évitements vous indiquent clairement que votre vie de couple est menacée, par l'aspect sexuel notamment, il faut l'aborder franchement et, au besoin, voir un professionnel qui vous aidera à cerner la problématique et à trouver des solutions.

La routine est une arme à deux tranchants. Les couples bien installés le savent : la sécurité engendre la banalisation. Notre appétit de consommer du neuf, cultivé par des offensives de marketing bien orchestrées, n'en est-il pas la preuve ? Si l'approche de sollicitation de l'homme est toujours la même après dix ans, il ne faut pas s'étonner de la tiédeur de la réponse de la partenaire. Si les échappatoires de la femme viennent camoufler les raisons réelles du désintéressement, sans que de nouvelles initiatives réchauffent l'ambiance, le fossé va se creuser de plus en plus. Ce dilemme entraînera l'apparition d'une sorte de barrière invisible qu'il faudra constamment combattre, défaire, afin de briser les habitudes. Sans ce combat antiroutine, homme et femme se tournent vers d'autres stimulations, ce qui ouvre la porte à l'éloignement, à l'infidélité ou à la jalousie. Se laisser envahir par les habitudes, tenir l'autre pour acquis, placer les rituels du couple sous verre en se disant que c'est réglé pour la vie, c'est verrouiller sa porte tout en laissant ses fenêtres grandes ouvertes.

Réinventer sa sexualité à deux peut prendre toutes sortes de formes. Prenons le cas des couples qui choisissent de faire chambre à part... non parce que leur amour est platonique, mais parce que, s'ils dorment mieux individuellement, ils auront des rencontres plus passionnées aux moments choisis. Une certaine distance peut entraîner une redéfinition du désir et cultiver la passion qui, pour cause de perturbations anodines, n'arrive plus à se manifester. Le dialogue ouvert permet de redéfinir les besoins et de les ajuster afin que la passion grandisse au lieu de s'éteindre. Que pouvez-vous faire pour rallumer la flamme? Qu'est-ce qui ferait pétiller le regard de l'autre aujourd'hui? Comment lui dire que votre désir est vivant sans être contraignant? Si vous souhaitez obtenir ce que vous n'avez pas encore obtenu, osez faire les premiers pas!

LA FUSION DU CORPS ET DE L'ÂME

L'expérience sexuelle n'a rien de banal et, à moins de rester très longtemps un adolescent impulsif, le sens qui est donné à l'amour physique pratiqué avec un partenaire consentant élève le cœur et l'esprit. Nous aimons parce que nous avons soif d'une vie et d'un amour qui nous fait approcher une dimension plus élevée de l'univers : la conscience créée par le plaisir. C'est une approche affective et spirituelle que de faire l'amour. Les réactions dans notre corps sont mesurables et les molécules produites sont des antidotes aux émotions négatives qui s'accumulent au cours d'une vie. Pour découvrir et cultiver la partie la plus sacrée de vous-même, les émotions amoureuses en sont l'escalier par lequel vous accéderez à une forme d'absolue conscience, la révélation de votre unicité, la réunification de vos forces holistiques. L'amour et la spiritualité mènent à une source de bien-être exceptionnel. Ces moments parfaits nous rapprochent-ils de Dieu? Quel que soit le nom que nous donnons à ce dieu, nous faisons le lien entre la fusion amoureuse et cet état de bien-être unique que nous avons communément baptisé le septième ciel.

L'amour qui se vit dans un couple dans lequel les valeurs sont partagées, notamment lorsque les aspects spirituels, affectifs et érotiques s'alignent et se superposent, est l'expérience humaine la plus impressionnante qui soit. Les hommes et les femmes y puisent une énergie formidable, qui se détecte parfois à leur contact.

> *J'ai le sentiment de plénitude, car ce désir que je partage avec l'autre m'apporte un bien-être infini, me permet de rendre concrète l'harmonie cœur-corps-esprit et me prouve que je suis en sécurité totale avec cette personne que j'aime. Mes sentiments et mes émotions sont reçus et validés par l'autre de sorte que nous nous élevons ensemble un peu plus à chaque fois que l'on fait l'amour.*

Parler de bonheur ne tient pas du mythe de l'amour romantique cultivé au cinéma, bien au contraire ; l'amour intégral est possible seulement lorsque le couple est capable de donner à la sexualité toute la place qui lui revient : individuellement, elle épanouit ; dans la relation commune, la sexualité est une communion (commune union) profonde qui va bien au-delà de la jouissance physique. Lorsque deux personnes se mettent en accord tout en respectant leur nature propre, des valeurs s'harmonisent pour donner un sens à cette communication triangulaire esprit-cœur et corps. Ce sont la liberté d'être, la vérité profonde, le respect intégral, la croissance réciproque, le sentiment d'amour partagé et la sécurité affective qui s'expriment en même temps. Sans ces éléments structurants, l'amour physique ne peut faire de réels miracles. Il faut tout cela pour vivre l'amour dans toute sa plénitude.

Baiser pour baiser ne vous apportera jamais cet état de grâce tant que vos pratiques sexuelles ne s'ennobliront pas d'une recherche d'idéal, d'une expérience qui transcende l'humain pour toucher la partie divine de l'acte d'aimer. Où en êtes-vous maintenant dans cette quête du plaisir suprême ? Êtes-vous piégé dans la spirale des performances extrêmes ? Votre vie sexuelle est-elle devenue anémique ? Les querelles minent vos rapprochements ? Ne baissez pas les bras trop vite : il y a toujours un remède tant que le désir reste vivant.

SOIGNER SA LIBIDO

Si votre couple présente différents symptômes qui vous conduisent à une perte d'appétit sexuel, il est temps d'ouvrir les yeux et de parler des causes qui vous entraînent – personnellement ou tous les deux – dans la spirale de l'éloignement. Cette froideur peut être temporaire à cause de circonstances que vous savez être exceptionnelles. Mais parfois les facteurs éoliens viennent de plus loin et poussent le couple vers la rupture. Le climat des pôles Nord et Sud se ressemblent étrangement… C'est pour cela que les saisons viennent ajuster les variables afin que la vie puisse s'y développer. Votre hiver fera-t-il place au printemps ? À vous de changer les paramètres pour que le soleil vienne réchauffer votre relation.

> *Je vis difficilement le deuil de mon père, mort d'un cancer de la prostate, et je n'arrive plus à répondre aux invitations de ma partenaire. C'est comme si je me culpabilisais d'avoir du plaisir alors qu'il est mort depuis une semaine seulement. Est-ce que je suis devenu impuissant ?*

Une panne de libido peut être une excellente occasion pour faire le point sur un ensemble d'éléments qui font partie des valeurs de base d'un couple. Avant de paniquer, essayez donc l'approche des mécaniciens : faites une vérification avec votre partenaire, dans un climat posé et moins émotif qu'en plein cœur d'une crise. Il est plus révélateur d'être à la fois honnête et intime pour que le dialogue vous mène à trouver des solutions. En prenant le temps de vous interroger, cochez les points où vous vous retrouvez en ce moment, chacun personnellement. Ensuite, discutez-en ensemble afin de trouver des terrains d'entente.

- La routine ;
- Le stress ;
- Le manque de temps de qualité ;
- La communication ;
- La confiance en soi ;
- La relation sexuelle est devenue un devoir ;
- Le chantage sexuel fait naître du ressentiment ;
- Le manque de connexion intime ;
- La privation de tendresse ;
- Les préliminaires inadéquats ;
- Les fixations qui déplaisent à l'autre ;
- L'entourage, le club des parents, enfants et amis qui sont envahissants ;
- Les reproches en public ;
- L'imposition de conditions, la négociation au compte-gouttes ;
- La pression indue, le harcèlement sexuel ;
- L'état de santé variable (les maladies, les dépendances, les peurs, la médication, les changements hormonaux, les préoccupations psychologiques, etc.).

Dans l'intimité, cette façon de trouver les causes de votre éloignement peut vous permettre de rétablir ou de laisser à votre partenaire le temps de trouver la solution. Soyez respectueux et compréhensif comme vous aimeriez que l'autre le soit envers vous. La trousse de secours de tout couple en souffrance devrait contenir une double portion de compréhension. Pourquoi ? Parce que l'une des observations révélatrice, est que les femmes ne disent pas clairement leurs attentes et les hommes, la plupart du temps, ne veulent pas réellement les entendre… Quand avez-vous discuté avec votre partenaire de ce que vous ressentiez envers lui où elle ? Qu'est-ce qui favorise l'intimité ou amène le manque d'intimité entre vous ? Comment traduisez-vous celle-ci concrètement ? Et la sensualité, est-ce que vous lui laissez le temps de s'exprimer – et non de SEXprimer ? Les amants trop fougueux ont tendance à raccourcir les préliminaires pour se libérer de leur pulsion rapidement. Ils recherchent l'état de relaxation, d'apaisement, de récupération qui va suivre. Ici, une petite dose d'information biologique semble utile.

Depuis l'accès à des moyens de contraception efficaces, le sexe est devenu un jeu pour l'être humain avant sa première fonction de reproduction. Chez la femme, la libido maximale est atteinte 14 jours après les règles (l'ovulation) : c'est l'œstrus qui se libère alors avec la sécrétion d'un maximum d'hormones femelles. Chez l'homme, la libido, quasi permanente, est la résultante des stimuli intérieurs – les fantasmes, les pulsions –, mais aussi des stimuli extérieurs vus, aperçus, phéromones…

Les deux fonctionnements sont cycliques, mais le cycle est tout autre chez l'homme. En vue de produire l'érection, la libido déclenche la sécrétion – dans le cerveau d'abord – de la testostérone (l'hormone masculine) et la testostérone excite à son tour la libido (selon une boucle qui joue en *feed-back* ou qui s'appelle un mécanisme de rétrocontrôle autorégulé). Physiologiquement, le but de l'érection est de produire une éjaculation fécondante ; elle-même source d'introduction de gènes nécessaires au maintien et au développement du patrimoine génétique de l'espèce humaine. Or dès que cet effort est fourni, une baisse d'énergie est ressentie. L'absence temporaire de testostérone, qui sert de psychostimulant lorsqu'elle est abondante, met notre partenaire KO en quelques secondes. Sa mission étant remplie, il s'endort pour refaire ses provisions.

Mais l'homme a obtenu son orgasme sans toujours se poser la question : « Et ma partenaire dans tout cela ? Doit-elle subir la sexualité " des p'tites vites " et renoncer à son plaisir sans dire un mot ? » La réalité des couples insatisfaits passe aussi par les mots. Savez-vous dire : « J'aime te faire l'amour » ou : « J'aime faire l'amour avec toi » ? Êtes-vous dans la performance ou dans le partage ? C'est une amorce de discussion qui va permettre de décrire ce que vous attendez de la relation amoureuse et aussi de signaler l'ouverture de chacun des partenaires à la fantaisie.

- Ai-je le goût de te faire l'amour? Qu'est-ce qui réveille mon intérêt sexuel?
- Comment s'exprime mon désir de faire l'amour avec toi? Les baisers, les caresses, les jeux sexuels font-ils partie de notre rituel?
- Pouvons-nous cultiver notre excitation et jouer avec cette tension exceptionnelle qui se développe entre l'érection et la jouissance afin de laisser monter l'énergie du plaisir avant de le laisser exploser?
- Est-ce que tout s'arrête avec l'éjaculation ou sommes-nous encore fusionnés dans cet orgasme au-delà de l'aspect physique? Ces quelques secondes d'extase peuvent-elles se remettre à pétiller comme des bulles de champagne qu'on ressent en soi en train d'éclater une à une?
- Comment l'étreinte et la proximité de nos deux corps font-elles passer le sentiment d'harmonie? Le rire et les larmes, les mots d'amour spontanés et fous, les sensations de plénitude et de vide qui s'imbriquent comme un yin et un yang, la perte de la notion du temps, l'absence totale de stress, la joie pure de s'être complètement donné à l'autre ont-ils le temps et le droit de vivre avant de retomber dans le quotidien?
- Et si quelque chose me déplaît ou me gêne... Est-ce que j'arrive à exprimer mes réactions? Suis-je bien conscient ou consciente que j'ai toujours le choix de dire oui ou non à ce que me propose mon ou ma partenaire?

ET APRÈS L'AMOUR?

Lorsque la dernière note d'un concert arrive à leurs oreilles, les mélomanes avertis la savourent et captent les dernières ondes dans un respect qui a quelque chose de grandiose. Une œuvre musicale qui a survécu et traversé des siècles vient de les faire vibrer, à mille passionnés dans une même salle, comme s'ils étaient un seul et même corps. Puis, lorsque le silence de l'orchestre se fait, les applaudissements viennent traduire ce sentiment d'avoir voyagé ensemble dans cet autre monde, celui de l'art, pendant un moment qui n'a pas de prix. Pourquoi n'en est-il pas de même pour la sexualité, cette forme d'art qui fait appel à tous nos sens pour exécuter ses partitions complexes, bienfaisantes, uniques, enivrantes ? La sensualité est reliée à nos cinq sens. Faire l'amour sans l'ouïe, sans l'odorat, sans la vue, sans le toucher et sans le goût, c'est amputer votre orchestre de plusieurs instruments de base. Un solo n'aura jamais la même amplitude qu'un mouvement d'orchestre. Les mélomanes savourent la subtilité de chaque passage et, des jours durant, ils en seront imprégnés, se rappelant, en parlant avec d'autres passionnés comme eux, de l'état de plaisir qu'ils ont ressenti. Et vous ? Votre conjoint vous tourne le dos et s'endort ? Comment prolonger le plaisir et le célébrer ? Le prochain concert risque d'être discordant si vous n'y pensez pas à chaque fois qu'une rencontre sexuelle se termine.

Pour savoir si vous êtes des amants attentifs, un petit test en dix points peut être utile.

1. Avant de vous engager dans une relation sexuelle, est-ce que vous vous **caressez** mutuellement ?
   a) Toujours, c'est une phase importante avant de passer à l'acte.
   b) Parfois, quand on en a envie.
   c) Dans la mesure où on en a besoin pour se rendre jusqu'à la pénétration.

2. La **fellation** est-elle :
   a) une activité importante et régulière de votre pratique sexuelle ?
   b) une activité sexuelle occasionnelle ?
   c) une activité sexuelle plutôt rare ?

3. Après avoir **fait l'amour**, est-ce que :
   a) vous câlinez votre partenaire, et votre étreinte vous accompagne vers le sommeil ?
   b) vous appréciez un baiser et un mot d'amour pour ensuite prendre votre position habituelle pour dormir ?
   c) vous tournez le dos ou vous vous levez pour terminer un travail qui ne peut attendre à demain ?

4. Vous voulez expérimenter une **nouvelle position**. Est-ce que :
   a) vous la suggérez à votre partenaire dès que vous le pouvez ?
   b) vous attendez d'être au lit et vous lui suggérez de l'essayer ?
   c) vous tentez d'orienter votre partenaire dans cette direction au cours des ébats ?

5. Vous entrez à la maison et découvrez votre partenaire dans un **bain moussant**. Est-ce que :
   a) vous vous déshabillez et sautez dans le bain ?
   b) vous lui proposez de lui frotter le dos ?
   c) vous vous plaignez qu'il n'y aura plus d'eau chaude ?

6. Votre partenaire vous questionne sur votre **passé** sexuel. Est-ce que :
   a) vous êtes ouvert à en parler avec précision ?
   b) vous taisez les détails trop croustillants ?
   c) vous détestez confier vos secrets et vous faites une réponse évasive afin de détourner l'attention ?

7. Au sortir de la **douche**, alors que vous prenez une serviette, votre partenaire entre dans la salle de bain. Est-ce que :
   a) vous demandez à votre partenaire de vous essuyer ?
   b) vous vous essuyez tout en conversant avec lui de sujets divers ?
   c) vous réclamez votre intimité et lui demandez de sortir et de refermer la porte ?

8. Une **nuit idéale** avec votre partenaire serait de :
   a) regarder un film osé au lit et faire l'amour durant les moments les plus excitants ?
   b) vous blottir l'un contre l'autre sur le sofa puis vous retrouver nus sur le plancher pour faire l'amour ?
   c) boire un verre, faire livrer le repas, regarder un film à la télé, faire l'amour comme d'habitude et vous coucher ?

9. Vous avez un **nouveau partenaire** qui vous attire sexuellement. Est-ce que :
   a) vous lui dites votre attirance spontanément, même si vous n'êtes pas certain de l'aimer vraiment ?
   b) vous attendez que votre partenaire déclare ses propres sentiments avant de révéler les vôtres ?
   c) vous n'abordez pas la question puisque, de toute façon, il doit bien le deviner ; sinon, c'est inutile de poursuivre, n'est-ce pas ?

10. Quand vous et votre partenaire **sortez ensemble**, est-ce que :
   a) vous aimez vous tenir la main, vous embrasser ou avoir des gestes d'affection sans gêne ?
   b) vous vous tenez discrètement la main, surtout si vous êtes avec des personnes de votre entourage ?
   c) vous réservez vos marques d'affection pour la maison, et même seulement dans votre chambre ?

Ce test est suffisamment révélateur pour permettre de situer votre degré d'intimité. Faites-le séparément puis comparez vos réponses. Avez-vous noté votre ouverture, votre intérêt pour saisir toutes les occasions de stimuler votre partenaire ? Êtes-vous devenu un ou une fonctionnaire qui agit par automatisme et accomplit simplement son devoir, entre les bras de l'autre ? Le fait de parler de la sexualité, de la décrire, d'apprendre de nouvelles notions, de se laisser guider sur des sentiers nouveaux rend l'ambiance intime beaucoup plus pétillante. C'est une découverte à chaque fois !

Lorsqu'un malaise survient, dites-le tout de suite afin de permettre un rajustement immédiat. Soyez attentif aux signaux de recul spontané et n'imposez pas à l'autre un geste qu'il n'aime pas, en lui disant qu'il ou elle va aimer ça… Respectez la progression et la liberté de l'autre et parlez-en. Les attitudes un peu clichées du macho qui pense : « Couche-toi là, ma chanceuse, je vais te montrer de quel bois je me chauffe » et de la mégère effarouchée : « Aïe ! Tu me fais mal… Je ne supporte pas les brutes » peuvent s'adoucir par des efforts conscients des deux partenaires. L'exercice d'inverser les rôles peut sans doute vous être très utile. Un bon soir, c'est elle qui est le macho et lui, la mégère…

Dans une relation de couple, le climat n'est pas toujours au beau fixe et il faut apprendre à décoder les signaux que l'autre partenaire nous envoie. Les humeurs jouent un grand rôle dans l'acceptation ou le refus d'une relation sexuelle. Si vous notez chez votre partenaire une émotion envahissante ou que le non-dit se manifeste, prenez acte de ce message avant d'insister ou de provoquer une colère. Généralement, le partenaire perturbé montrera l'un des signes suivants.

Une nervosité exceptionnelle

Prenez le temps de vous asseoir et de parler un peu de ce qui cause son malaise. Donnez de l'affection et de l'écoute avant de faire toute tentative d'approche sexuelle. Commencez ensuite par un baiser…

De l'anxiété

Vous avez fait votre approche et soudain votre partenaire se distance et se rend à la salle de bain. Des craintes ou des peurs le ou la bousculent. Attendez son retour sans maugréer et demandez alors comment il ou elle se sent et si tout va bien. Y a-t-il eu un geste déplacé, douloureux ? Après un échange rassurant, reprenez avec douceur votre processus en débutant par des caresses légères et progressives.

De la gêne

Nu sous les draps, votre partenaire attend sans oser se découvrir ou poser un geste qui trahirait son désir. Son apparente froideur, sa passivité cachent sans doute une gêne, voire un important complexe. La peur de mal faire, de paraître inexpérimenté produit aussi cet effet. Commencez le jeu des rapprochements par des caresses. Tout en parlant, offrez un massage de détente en commençant par des zones neutres. La confiance va se créer et vous pourrez lui laisser prendre des initiatives afin qu'il y ait une implication de sa part dans la suite de la relation. «J'aime ça et toi, qu'est-ce que tu aimes? Peux-tu me le faire? Mets ma main sur ta main et montre-moi comment…»

De l'inhibition

L'histoire intime de chaque personne est difficile à décoder. Même si l'amour vous rapproche, des blessures passées peuvent bloquer le plaisir d'une relation sexuelle bien qu'elle soit désirée. L'inhibition face à la vue d'un pénis en érection, face au sang des menstruations, lors de gestes de provocation qui peuvent réveiller des émotions fortes sont des révélateurs. Il faut prendre le temps de rassurer, d'écouter, d'expliquer pour mieux trouver ensuite la façon d'entrer en contact sexuel avec l'autre sans le heurter. La détente est essentielle pour que l'acte sexuel ne prenne pas des allures de combat et de souffrances physiques. Au besoin, le couple pourra ensuite consulter afin de trouver des solutions pour harmoniser les rapports sexuels.

LES HABITUDES QU'IL FAUT COMBATTRE

Au rayon des interprétations et de la négociation qui entoure l'activité sexuelle dans un couple, il faut accepter que chacun puisse avoir sa manière et son rythme. Cependant, plusieurs comportements méritent d'être **dénoncés et bannis**. Ce sont principalement les suivants:

- La projection, qui consiste à attribuer à l'autre un sentiment que l'on éprouve soi-même sans même oser se l'avouer. «Tu aimes ça que je te tape les fesses, n'est-ce pas?»

- L'accomplissement du devoir conjugal, qui renvoie le message que l'obligation a pris le pas sur l'affection; la relation se vit sans émotion et devient un simple mécanisme d'hygiène. «Puisqu'il le faut, fais ça vite…»

- Le chantage et les ressentiments qui utilisent le désir de l'autre comme objet de marchandage ou pour dominer et contrôler l'autre. «On fera l'amour quand tu m'auras demandé pardon…»

- La froideur ou le manque de connexion intime, de tendresse où l'un des partenaires fait l'amour par intérêt ou simplement pour avoir du sexe en utilisant l'autre sans s'investir dans la relation. «Tu es ma chose…»

- Les préliminaires inadéquats qui précipitent la pénétration sans tenir compte de la disponibilité ou du contexte. «Je te veux… je te prends!»

- La monotonie qui joue sur la prévisibilité parce que les mêmes gestes devraient conduire au même point. «Allez, sois gentille et laisse-toi faire… Tu as toujours aimé ça que je prenne l'initiative…»

- Le stress qui envahit et perturbe la tranquillité dans le couple, comme le surmenage, les problèmes financiers, une obligation pour le lendemain. «Savais-tu que faire l'amour fait tomber le stress?»

- Les fixations sur les films pornos, les objets ou vêtements ou le fait d'avoir besoin de se travestir pour jouir, qui entraînent une dévalorisation et une dépersonnalisation de l'autre. «Tu as les seins de Marilyn Monroe et c'est ça qui m'excite chez toi… Allez, fais rouler tes seins pour Monsieur le Président…» ou «Moi, les clubs échangistes, les *partys* thématiques *sexy*, les raves et l'ecstasy, ce sont mes *starters*: et je carbure, c'est tellement *hot*!»

- Le club des responsabilités parentales qui finit par balayer toute intimité parce que l'un ou les deux partenaires manquent de sommeil, ne trouvent plus de temps pour leur couple, acceptent les enfants dans leur chambre, etc. «Tu sais bien qu'il va se réveiller dès que nous aurons touché le lit... Je ne peux supporter qu'il pleure et je n'arrive pas à penser à autre chose. De toute façon, ce sera raté...»

- Les menaces, insultes, critiques qui viennent perturber l'écoute et compliquent le dialogue sur les questions sexuelles. «Si je lui dis ce que je n'aime pas dans sa façon de me faire l'amour, il se frustre et menace de se faire une maîtresse plus séduisante que moi. C'est la guerre qui commence... Alors, je me tais parce que je déteste les conflits.»

- Les pressions ou le harcèlement qui créent chez l'autre l'impression de n'avoir pas le choix parce qu'il y a soit manipulation, soit un manque de communication. «J'peux pas m'endormir un soir si on baise pas... J't'en prie, je t'aime tellement...»

- Les problèmes de santé auxquels vous n'avez pas le choix d'accorder du temps et des soins qui doivent aussi être acceptés par l'autre. Le soutien peut être physique ou psychologique, mais le couple doit discuter et s'accorder du répit lorsque nécessaire. «Quand est-ce que ton maudit traitement va finir... J'en peux plus, moi...»

- Le manque de délicatesse... Je voudrais ici faire un petit clin d'œil humoristique aux hommes. Si vous ne voulez pas créer une dispute, tournez votre langue sept fois dans votre bouche avant de discuter du poids de votre conjointe. Il n'y a pas de sujet plus explosif!

Prendre soin de sa santé sexuelle et demeurer attentif aux besoins de son partenaire semblent des conseils inutiles de nos jours. Pourtant, un grand nombre de couples ne sait pas comment interpréter les tensions sexuelles qu'ils vivent. Faire l'autruche ne règle jamais rien. Si vous avez à cœur de vivre une relation de couple harmonieuse, la communication, la réceptivité et le respect sont vos trois meilleurs alliés.

VOTRE RÔLE ET SON RÔLE

Comment une femme qui assume pleinement sa sexualité se comporte-t-elle face à l'homme qu'elle aime ? Elle cherchera à lui plaire, à le séduire, à attirer son regard et à l'exciter. Elle prendra soin d'elle et mettra en valeur, qu'elle soit favorisée ou non par la nature, ses attraits et son sex-appeal. Elle est plus câline, sensible, spontanée et rieuse. Elle exprime ses émotions et ses sensations sans gêne. Si elle aime ça, ça s'entend… si elle ne dit rien, c'est que quelque chose lui déplaît. L'amour fait briller ses yeux et elle dira clairement si elle est prête à s'abandonner aux caresses.

Comment un homme qui assume pleinement sa sexualité se comporte-t-il face à la femme qu'il aime ? Il cherche à la regarder, à la toucher, à voir le désir et la complicité passer dans ses yeux. Il soignera son hygiène personnelle et il mettra aussi en valeur ses attributs physiques en affirmant sa virilité. Chacun dans son rôle : il demande et ose solliciter parce que c'est traditionnellement son *pattern*. Mais il peut aussi apprécier que la femme le sollicite et lui propose des jeux sexuels spontanés. Il parle peu, malheureusement, en faisant l'amour. Respirer et haleter n'est pas une déclaration romantique, alors que les phrases érotiques peuvent trouver un écho dans l'oreille de la partenaire.

Les rôles respectifs devraient s'inscrire dans une continuité de gestes où tous les sens sont sollicités : le pénis n'est pas l'unique messager de l'acte sexuel. La route qui conduit à la pénétration n'est pas la seule qui permette de stimuler la jouissance de la femme. Il y a tellement de variantes possibles – au moins 1001 positions répertoriées – à la conquête du plaisir à deux que l'imaginaire devrait s'enflammer tellement il risque la surchauffe. Une vie sexuelle sans tabou, axée sur le dialogue, permet de partager une dimension de l'amour qui dépasse le plaisir humain.

Vous doutez d'y arriver un jour? Pourquoi ne pas commencer ce soir par une heure de lecture sur le sujet. Laissez traîner le livre sur la table de chevet; lorsque l'autre l'aura lu, vous pourrez passer de la théorie à la partie pratique. Dire oui ou dire non est une option toujours ouverte, mais commencer par un jeu amoureux qui détend devrait plaire à cette personne qui vous aime «ici et maintenant». Cela pourrait se conclure demain par une suite encore meilleure.

En dépit d'une bonne volonté réciproque et d'une attention soutenue à prendre soin de votre relation de couple, les conflits sont inévitables. Les querelles n'ont pas toutes la même importance et il arrive que la solution soit impossible à trouver. Que faire alors? Voyons quelques outils parmi les plus précieux dans le chapitre qui suit.

«DANS LE COUPLE, ON FAIT L'AMOUR PAS NÉCESSAIREMENT PAR BESOIN OU PAR DEVOIR. ON FAIT L'AMOUR AUSSI ET SURTOUT PAR AMOUR.»

POUR UNE VIE SEXUELLE PÉTILLANTE EN COUPLE

- Prescrire un remède aux maux de tête: faire l'amour détend et soulage le mal de tête puis permet de mieux dormir. Vous en doutez? Pourquoi ne pas l'essayer?
- Faire l'amour commence le matin, lorsqu'on se réveille ensemble pour commencer une nouvelle journée. Les gestes de tendresse, les gentillesses, l'attirance, les compliments vont alimenter la complicité amoureuse jusqu'au moment de se retrouver pour la nuit. Sentir le désir de l'autre permet de garder la flamme du désir toujours allumée.
- Arrêter de haïr son corps en se rappelant que seulement 5% des adultes ont les caractéristiques cinématographiques des vedettes et, souvent, ce sont des personnes profondément perturbées par leur narcissisme. Être bien dans son corps signifie s'accueillir tel que l'autre nous voit en arrêtant

de mettre l'accent sur ce petit complexe de rien qui vous fait oublier toutes les autres beautés qui sont autour, en dehors comme en dedans de vous.

- Faire de nouvelles découvertes à deux, comme celle du tantrisme qui permet une approche douce du yoga, du massage, de la déconnexion des stress ambiants : il s'ensuit un état de bien-être et de disponibilité au désir, souvent amplifié par un contrôle conscient de sa respiration qui amène à ressentir, à savourer la relation, au lieu de la consommer par automatisme.
- Valoriser les moments d'intimité en y ajoutant une touche personnelle : une rose sur le lit, un bain de roses, des pétales entre les draps, une musique qui inspire, les téléphones mis en retenue, l'absence d'horloge…
- Décrocher… c'est apprendre à sortir de sa tête afin de s'abandonner complètement à l'attraction que votre désir crée, sans laisser les décisions du quotidien vous couper de votre plaisir.
- Savourer… c'est déguster la présence de l'autre : on sous-estime le rapport de nos cinq sens dans l'approche amoureuse. Un sens à la fois, c'est une forme de concentration bénéfique surtout lorsqu'on alterne. Trouvez une complicité différente en faisant la dégustation sans utiliser les mains ; par exemple, pour donner à vos caresses une dimension encore plus sensuelle, gardez les yeux fermés pendant l'exploration.
- Jouer à « Ce soir, c'est ma soirée : je fais tout ce que j'aime. Demain, ce sera à ton tour de me révéler tes préférences. »
- Préparer dès le lever du jour, lorsque l'intimité matinale vous enveloppe encore dans son cocon douillet, l'idée de revenir vite vous blottir l'un contre l'autre, le soir venu. Un mot doux, une caresse et un gros câlin se transforment en rendez-vous amoureux dont l'intention sera présente à votre esprit toute la journée durant. Un appel téléphonique bref : « J'ai hâte de te retrouver… Je pense à toi… Je t'aime ! » peut ensoleiller la plus grise des journées. « Je ne sais pas pourquoi, mais

j'aimerais bien me coucher tôt ce soir... » Il y a mille façons d'exprimer à l'autre qu'on se sent bien dans cette bulle amoureuse et qu'entre deux rencontres privilégiées on reste branché sur l'idée de cette communication complice.

- Libérer ses peurs et apprendre à faire les premiers pas. Rien de plus contre-nature que de retenir sans cesse ses pulsions, mesurer constamment ses gestes, craindre toujours ce que l'autre pourrait penser si... Osez les caresses spontanées, faites en sorte que l'autre voit votre regard rempli de désir, dites les mots provocateurs qui vous viennent en tête, suivez le mouvement de votre instinct, donnez à votre corps le droit de dicter ses mouvements et la danse de l'amour ne sera plus la même. Soyez créatif! Le metteur en scène ce soir, c'est vous!

- Donner aux lieux où l'on fait l'amour un sens sacré, en les gardant particulièrement attrayants, intimes, comme s'il s'agissait d'un autel qu'il ne faut pas profaner. Lorsque vous vous retrouvez dans un tel lieu, les mots sont chuchotés, la rancœur ou la bouderie n'y ont pas leur place, pas plus que l'indifférence ou la froideur. En participant également tous les deux à faire de vos lieux d'amour des chapelles privées, vous créez, à travers le dialogue, les objets, la musique, les arômes, les circonstances favorables pour vos retrouvailles secrètes.

- S'affranchir de cette morale un peu trop étroite qui juge tout acte nouveau comme étant pervers. Les jeux sexuels librement consentis ne conduisent pas à la dépravation. Abordez-les comme une expérience en vous laissant le droit d'y mettre un terme si vous ne vous sentez pas à l'aise pour certaines pratiques. Proposez des variations qui vous conviennent et poursuivez sans être offusqué. Soyez aussi à l'écoute des signaux lorsque votre partenaire exprime un malaise afin de ne pas imposer, mais plutôt proposer de nouvelles façons d'avoir du plaisir ensemble.

- Se dire: «Pour lui, je suis une diva... Pour moi-même, je suis sa geisha. Il est mon Adonis!»

Chapitre 7

Marmite au feu et feu de mitraille

Est-ce bien nécessaire de dépasser nos limites
pour apprendre qu'on a des limites ?

FAIRE FACE AUX CRISES EXPLOSIVES

Nous avons tous rigolé en répétant cette vérité ironique : la première cause de divorce, c'est le mariage. L'institution du mariage est définie comme un partenariat sexuel, économique et émotionnel entre un homme et une femme, sanctionné par la société et la loi. Jusqu'à récemment, dans toutes les sociétés du monde, le mariage a été à la base de la formation de la famille, la clé de la survie de l'espèce humaine, c'est-à-dire la procréation. La modernisation secoue cependant cet engagement mutuel pour favoriser plutôt une relation basée sur l'attachement entre deux personnes qui, dans sa version contemporaine, prend la forme d'une union libre. Les conjoints de fait représentent aujourd'hui 30 % des couples au Québec[8] et les PACS ont connu une hausse de plus de 45 % en France[9]. Globalement, on peut présumer que l'union libre est un substitut au mariage quand il s'agit d'une relation engagée, fidèle et stable. Dans un tel cas, les formes d'unions conjugales semblent s'équivaloir lorsqu'on exclut la notion religieuse comme préalable. Le seul ingrédient qui ne devrait jamais faire défaut, c'est évidemment l'amour.

8. Institut Vanier de la famille, une recherche d'Anne-Marie Ambert, Ph. D., automne 2005 publié sous le titre *Union libre et mariage : Y a-t-il des similitudes ?* Texte intégral sur ce lien : http://www.vifamily.ca/library/cft/cohabitation_fr.html.

9. Source : Institut national d'études démographiques (INED), *Évolution des Pactes civils de solidarité (PACS) au cours des 10 dernières années*.

Et pourtant ! Divorcer est une décision pénible et marquante que nombre de gens prennent un jour ou l'autre. Leur vie d'après ne sera plus jamais celle d'avant. Le couple et la famille subissent alors un choc qui se prépare depuis des semaines, parfois des années. Comment en arrive-t-on à cette fracture si douloureuse ? Les personnes les plus intelligentes et les plus normales peuvent faire preuve des comportements les plus odieux au contact de ceux qu'ils prétendent aimer profondément lorsque la marmite se met à chauffer. Dans ces situations, on peut observer un enchaînement stupéfiant d'hostilité, de cruauté, de réflexes défensifs parfois très enfantins, de raisonnements pitoyables, d'immaturité, d'accusations réciproques, de blâme, et autant d'humiliation, de déni et d'exagération. C'est ce que le réputé psychologue Phillip McGraw appelle le côté noir[10] de chaque individu. C'est parfois subtil et souterrain, ce phénomène qui s'accentue avec la déception et la rancœur. Ça se gonfle et ça déborde exactement comme le contenu d'une marmite sous une chaleur intense. Que de dégâts en perspective pour ceux et celles qui ignorent comment doser la chaleur dans leur vie de couple.

LES TERRITOIRES HOSTILES

Ce chapitre nous permettra d'apprendre à relâcher un peu de pression, quand il le faut, afin de demeurer maîtres de nous et responsables de nos émotions. Il met aussi en lumière ces comportements indésirables qui provoquent les crises profondes. Pouvez-vous détecter ces comportements chez vous ? Chez votre partenaire ? Les identifier fait partie de la solution, car une personne avertie peut mieux se soustraire aux dangers qui la guettent.

1. Le pouvoir, les calculs, la compétition. Le couple se noircit peu à peu lorsqu'il laisse la relation devenir une joute qui se perd ou se

---

10. En référence au livre *Couple, la formule du succès*, paru aux Éditions Hachette-Marabout en 2002.

gagne. Impossible d'admettre une erreur ou de reconnaître un défaut sans avouer du même coup qu'on est plus faible que l'autre. La défensive est la seule solution et, jouant de prudence, chacun apprend à détourner les reproches et à résister aux critiques aux dépens de la relation. C'est l'ego qui ruine toutes les chances de conciliation et l'orgueil sabote les moindres chances de coopération. Tout se négocie jusqu'à ce que vous ayez le dernier mot sans perdre la face. Il n'y a plus de joie, plus de confiance, et la guerre perpétuelle aura raison de ces couples... armés jusqu'aux dents.

2. La critique, la faute, la condamnation. L'envers de la bonne foi, c'est la remontrance dont l'intention est d'empêcher l'autre de mieux paraître, d'être valorisé et aimé. Les spécialistes de la petite remarque qui défait le compliment, de l'argument qui va diviser au lieu d'unifier, du commentaire qui contredit la réaction positive qui avait été formulée devant les amis, toutes ces habitudes portent la signature de gens qui ne savent pas apprécier sans y ajouter un peu de mépris. Un grain à la fois, ce venin finit par toucher au cœur en venant saper la confiance en soi du partenaire. Ce sont d'ailleurs des indices d'une personne qui ne s'estime pas beaucoup et, au lieu de tenter de mettre l'accent sur ce qui est positif en elle, elle va chercher à ramener son entourage à un niveau inférieur afin de se faire valoir. La critique appelle la critique. Quand j'abaisse mon partenaire, je m'abaisse aussi. Et sans louanges, le couple suffoquera, faute de coexistence pacifique.

3. La manière qu'on ne discute pas. Les personnes psychorigides sont persuadées qu'elles possèdent le bon droit et la vérité en tout. Elles ne supportent pas les initiatives des autres et leur centre d'intérêt consiste à tout contrôler. Mais il est utile de savoir que, lorsqu'on contrôle, on est dans l'insécurité. En combinant la critique et la compétition, elles ont établi leur supériorité et catalogué l'infériorité qui les entoure. Évidemment, drapé dans l'idée que c'est bon pour le couple, le partenaire ne peut ni bouger ni commenter sans que la guerre éclate. Les règles du jeu dans un couple n'appartiennent ni à l'un ni à l'autre, même si la morale est souvent invoquée comme prétexte pour justifier ce comportement excessif. Vivre avec ce problème signifie que le contrôlant veut avoir raison à tout prix, même si votre couple en sera directement victime.

4. Ne jamais lâcher le morceau. À propos de tout et de rien, vous ramenez sur le tapis les vieilles histoires du passé pour les « renoter » sans retenue même si elles sont supposément réglées. Un pitbull ne lâche jamais sa pitance, pas plus que vous ne laisserez la paix aux personnes imparfaites avec qui vous vivez. C'est de la malveillance, un coup de couteau dans le dos, de la méchanceté semée partout sur les planchers, sur les draps, dans la voiture ou avec les amis. On sabote l'amour-propre de l'autre subtilement en grattant sur un petit rien pour en faire sa cause du jour. Demain, il y aura autre chose et l'idée de détruire l'autre vient ruiner la confiance, car, à la moindre tentative de réaction, de justification, c'est la preuve que l'autre se sent coupable. Silence ! L'ego est en cause jusqu'à brûler le conjoint sur le plan de ses émotions.

5. Agresser sans lever le petit doigt. Le travail est souterrain mais efficace puisque l'opérateur apprend à saboter tout ce que l'autre fait de bien sans que cela ne lui soit reproché. Le moindre succès, la bonne entente avec les amis, la complicité avec les enfants, le fait d'avoir eu un compliment de la belle-famille, toutes ces bonnes occasions de dévaloriser mèneront le saboteur à tisser sa toile. « Savais-tu ce que Jack a dit de toi ? » La lâcheté est à l'œuvre dans ce type de piège, car la personne n'a pas le courage de ses opinions et, au lieu de dire du bien de vous, elle trouvera une façon de vous fragiliser. Sans jamais exprimer son opinion, puisque le saboteur n'a pas le courage de dire non en face, il inventera un mécanisme détourné pour vous faire changer d'idée et arriver à ses fins. Qui portera l'odieux de cette volte-face? Le conjoint-victime, bien sûr, qui se verra de plus en plus culpabilisé par ce procédé: «J'aimerais tellement faire ce voyage, ment le saboteur, mais à cause de toi, c'est fichu. Tu nous empêches encore une fois de faire comme tout le monde. C'est de ta faute si ça va si mal entre nous». Passivement, cette forme d'agression est dirigée vers tout ce qui pourrait s'améliorer afin de déresponsabiliser le manipulateur passif face aux échecs. On appelle cela de la psychologie inversée. L'autre échoue dans toutes ses tentatives de redressement – c'est ce que souhaite et cultive le saboteur passif sans l'admettre –, et le couple plonge dans une frustration sans fin.

6. Se cacher la tête dans le sable. Un problème n'en est vraiment un que lorsqu'on le reconnaît. En faisant semblant que rien ne se passe de grave, on le minimise. Les personnes qui aiment éviter la réalité agitent sans cesse un leurre devant l'autre en espérant que la situation se réglera d'elle-même. Un problème relationnel s'amplifie alors, car ignorer «un éléphant dans son salon» exige de la substance. Pour détourner l'attention, des mécanismes comme la critique, les prétextes et les mensonges se multiplient. Tous les moyens mènent ce bonimenteur à s'exclure du processus de responsabilisation. Pas de problèmes et pas d'obligations! Le conjoint est transformé en *con-joint* et c'est lui qui patine pour deux et prend le blâme lorsque la réalité frappe. Les harceleurs utilisent cette stratégie, faisant passer l'autre pour le provocateur, le responsable de la situation négative. Spécialistes des écrans de fumée, ils ne sont fidèles à rien ni personne. Le cumul de leurs évitements mettra KO toute la confiance qui pouvait exister dans le couple.

7. Le refus de passer l'éponge. Nous rencontrons ici de noires personnalités qui refusent de pardonner et qui nourrissent une colère sans fin envers leur partenaire, car cela donne un sens à leur vie. «Il va payer pour ses actes! S'il croit que je vais passer l'éponge

sur son infidélité, il se trompe. » Et la punition n'a d'autres conséquences que d'aggraver la culpabilité qu'il transfère à l'autre. Ces
personnes oublient que les ressentiments sont des polluants qui se
propagent partout. Les reproches deviennent hostiles et les ponts
se coupent sans la moindre parcelle d'émotions. Tant qu'il n'aura
pas détruit l'estime de soi du « coupable », et même si celui-ci demande le pardon, ce geste de réconciliation ne viendra pas, parce
que l'autre veut garder captive sa proie jusqu'à l'anéantir. Ces
couples n'ont que le pardon comme antidote, mais l'un des deux
le refuse. Dans les cas d'infidélité, par exemple, la tension soutenue et la jalousie maladive vont même parfois engendrer le désir
de tromper à nouveau. La sincérité des regrets n'est pas suffisante,
ne le sera peut-être jamais. Il vient un moment où la personne
rancunière s'isole. Pour arriver à pardonner, il faut d'abord se pardonner. Le refus d'accorder le pardon bloque la relation et celle-ci
se dégrade. Le cheminement vers l'ultime pardon demande, le plus
souvent, une confession réciproque.

8. **L'insécurité maladive.** Vous êtes devant une personne instable
et insatiable ; peu importe les garanties que vous lui apportez,
rien ne remplira son puits d'insatisfaction. Les demandes raisonnables, les promesses réalistes, la bonne foi lui feront dire : « Je
savais bien que ça ne marcherait pas… Ça ne pouvait pas durer ! »
Ce sont des personnes fatalistes qui finissent toujours par avoir
raison, car elles créent la difficulté et deviennent des dépendants
au négativisme. Leur seul désennui est de nourrir le monstre qui
les dévore et, lorsque vous les abandonnez, c'est vous qui vous
sentez incompétent, indigne. Le manque de confiance en soi est
un problème difficile à admettre puisque cela implique que la
personne se rende responsable d'elle-même. Son besoin de réconfort est tel que le couple suffoque. Si l'angoissé chronique ne
lâche pas prise, la victime saine risque de s'enliser dans la culpabilité alors qu'elle n'est en rien responsable des drames
qui surviennent.

9. L'attente et les apparences. Pour éviter de se mettre en danger, tout en protégeant jalousement ce qu'elles ont acquis, les personnes qui souffrent d'attentisme vont se contenter d'une vie médiocre plutôt que de faire des efforts pour progresser. En fait, elles attendent que les problèmes se règlent d'eux-mêmes parce que tout changement les effraie. Leur stratégie est de jouer sur les interprétations des résultats pour se justifier dans l'inaction. Elles font tout à moitié et répètent toujours les mêmes routines par peur de vivre la moindre instabilité. Elles vont tout faire pour éviter de courir des risques et elles détestent avoir des décisions à prendre. «Tu ne trouves pas qu'on est bien ici... Évidemment, avec un autre enfant, la chambre d'enfant paraîtra petite, mais les enfants adorent être ensemble, cela va les aider à socialiser. N'est-ce pas que tu es d'accord?» Tout se justifie à leurs yeux et les arguments du partenaire ne sont qu'une source de conflits, surtout si elles se voient prises au pied du mur. Ces personnes sont intraitables et font un chantage constant pour gagner la guerre. «Si tu n'acceptes pas le statu quo, si tu n'es pas content de ce que je t'offre, tu n'as qu'à partir, espèce d'ingrat!» Et le couple fout le camp.

10. Les décrocheurs passifs. Être en couple avec une personne qui se croit captive et persuadée que la situation ne peut rien lui apporter de bon, qu'elle va en souffrir toute sa vie durant, c'est une sorte de longue descente aux enfers de la persécution. Les émotions négatives s'empilent sur les frêles épaules: abandonnés, malheureux, cyniques et incapables de reconnaître les belles valeurs des autres, les décrocheurs s'enfoncent en cherchant à vous entraîner avec eux. Il s'agit d'une forme de dépression qui crée une paralysie, alors que la seule volonté de réagir pourrait faire toute la différence. Ces personnes font le choix de rester noires. Elles ne souhaitent pas collaborer au sauvetage du couple. L'anxiété de la séparation probable leur fait dire: «À quoi bon?» Sournoise manœuvre pour faire piquer l'autre dans l'inconfort et

la culpabilité. Posez-vous la question et répondez avec honnêteté : « Suis-je pessimiste ou optimiste ? » Voulez-vous vraiment
sauver votre couple ?

LES ANTIDOTES

Tout le monde peut changer. Vous avez aussi la possibilité de vous
laisser mourir à petit feu, comme cette grenouille qu'on a laissé
se baigner dans une grande marmite sous laquelle on a allumé le
feu. Petit à petit, l'eau a commencé à se réchauffer et la grenouille
s'adapte. Au moment où l'eau chaude lui crée de l'inconfort, elle
pourrait activer son réflexe de survie : « Je vais sauter par-dessus
bord. Je peux encore bondir… » La grenouille ignore que, si elle
ne le fait pas maintenant, dans 10 secondes elle n'aura plus la
force de sauter et, dans 15, elle sera cuite. Comme vous !

Sortez de la marmite le temps qu'il faut pour vous sauver la
vie, puis reprenez le dialogue avec des outils, du soutien, des
approches de changement afin que l'autre puisse aussi avoir une
chance de s'en sortir. Beaucoup de relations de couple échappent
au destin tragique en se reprenant en main. Il suffit que l'un des
partenaires change d'attitude pour que l'espoir renaisse. Le simple
fait de réaffirmer que vous avez confiance de trouver une solution temporaire peut faire revenir l'intérêt pour un nouveau plan
de match. Appeler à l'aide dans des circonstances d'extrême tension où l'on se sent impuissant permet de faire circuler l'énergie
dans le couple malade, le temps qu'il faut pour le soigner. Maintenir un couple en vie, c'est déjà affirmer à l'autre que notre attachement est sincère et notre espoir encore présent de le redresser
ensemble. Tout balancer, c'est un peu se saborder avant d'avoir
fait le maximum pour que le couple survive. Tant de solutions
sont à portée de main pour les couples qui veulent faire des
progrès.

Vous pouvez aussi décider d'arrêter cette machine qui vous
broie le cœur, l'âme et le corps, et vous soustraire aux contami-
nations toxiques pour de bon, en agissant dans le sens de votre

propre transformation. Certaines situations le commandent sans que vous n'ayez à le justifier. Le sentiment que vous avez pour votre conjoint vous dictera la nouvelle conduite à adopter et les efforts à faire pour redevenir un partenaire apprécié et coopérant. Les plus beaux aspects de votre personnalité et de votre vie personnelle méritent d'être régénérés. Lorsqu'une personne qui vous aime vous laisse une dernière chance, saisissez-la. Ensemble vous pourrez peut-être redécouvrir la paix. Sinon, prenez votre propre bouée de sauvetage et éloignez-vous du danger. Qui sait ce que la vie vous réservera comme autres possibilités ?

LA MEILLEURE MANIÈRE DE TERMINER UNE DISPUTE

Sans égard à l'objet du conflit, ni à sa durée, la meilleure manière de mettre fin à un litige amoureux est d'offrir à l'autre une porte de sortie honorable. Votre relation étant présumée avoir créé du respect et de l'amour, il suffit à l'un des partenaires d'avancer un argument nouveau pour désamorcer la tension. Un drapeau blanc peut prendre toutes sortes de formes : excuse, plaisanterie, reconnaissance partielle de votre point de vue, bifurcation vers un aspect positif du débat, un rappel des possibilités périphériques, etc. Les bienfaits d'une réconciliation se vivent avec deux vainqueurs qui peuvent se regarder dans les yeux et passer à autre chose de plus valorisant. Si vous avez raison, ne le dites surtout pas… Ce serait inutile. Jouez plutôt de la tolérance, de l'amabilité, du compromis joyeux en vous disant que deux morts ne peuvent rien célébrer du tout. Surmonter une dispute vous apprendra aussi que vous pouvez maîtriser la densité de vos émotions tout en restant dans l'argumentation logique. Un cessez-le-feu se célèbre : « Tu le vois bien, on est parfois capables de s'entendre… ! »

Un sujet à la fois, vous en viendrez à devenir un habile négociateur de la paix sans faire des compromis sur le fond des choses. Certaines dépendances ne se négocient pas vraiment, comme l'alcool, la drogue, les troubles mentaux récurrents, car les causes sont en dehors de votre contrôle. Dans ces cas, il vaut mieux négocier votre protection et, pour aider l'autre à s'en sortir, le diriger vers des solutions durables. Mettre les victimes à l'abri va créer le choc qui pourra permettre au dépendant de constater la gravité de la situation. C'est un premier pas vers le rétablissement. Subir et se taire ne régleront rien : alors signalez votre situation avec courage. Vous serez aidé et l'autre aussi par le fait même, de son plein gré ou par obligation.

DE QUEL TYPE ÊTES-VOUS ?

Il y a des comportements à observer comme des hommes-lièvre et des femmes-lièvre, des hommes-tortue et des femmes-tortue qui s'attirent, compétitionnent selon leurs valeurs et se retrouvent au fil d'arrivée. Il y a aussi des introvertis qui sont follement amoureux d'extravertis et arrivent à trouver un équilibre, alors que d'autres se repousseront dans les cris et les colères. Les mêmes ingrédients peuvent créer des émotions de type «feu d'artifice» ou engendrer la détonation du siècle quand la guerre éclate. Quand ça fait «boum» entre vous, c'est qu'une valeur a été mal intégrée ou bafouée. Le dialogue passe par la bouche des humains et la balle passe aussi par la bouche... des canons. Les relations amoureuses ne peuvent pas toujours se vivre sous le soleil, mais elles appellent le respect. Les nuages peuvent monter très haut et se pointer au-dessus de votre tête, menaçants ; il suffit d'un peu de vent pour les faire se détourner et aller déverser leur eau ailleurs. Et si vous êtes mûr pour un peu d'arrosage, vous saurez trouver l'aspect positif de cette période de rafraîchissement de votre relation. Après la pluie, le beau temps reviendra, encore plus apprécié.

LE TRIANGLE DES RÔLES

Dans un couple, les circonstances entraînent souvent le recours à des attitudes stéréotypées entre les deux partenaires. Les gens qui souffrent d'une dépendance utilisent souvent ce mécanisme pour rester «accros» en paralysant les autres. Ces mécanismes s'installent sans même que l'on en soit conscient et ils deviennent assez destructeurs. Un *pattern* fréquent est celui du triangle dramatique[11], une façon d'entrer dans un personnage, en adoptant la position de victime, de sauveteur ou de bourreau. Voici comment se placent ces trois personnages :

- La Victime : c'est le rôle principal, celui qui apporte le plus de gratifications, de bénéfices secondaires et de reconnaissance. Me présenter en Victime consiste à me plaindre d'un préjudice que je n'ai pas subi ou que j'ai contribué à mettre en place. « C'est encore moi qui dois sacrifier mon jour de congé pour aller prendre soin de ta mère. Je subis toujours les conséquences de ta mollesse. Tu ne pouvais pas dire à ton patron que tu étais malade ? Je suis toujours celle qui fait des compromis. On sait bien, moi, j'ai rien d'autre à faire… »

- Le Sauveteur : loin d'aider vraiment, il se présente simplement comme « aidant ». Il essaie d'aider, mais n'est pas efficace, car son but inconscient est d'entretenir la Victime dans son rôle pour rester dans le sien et obtenir de la reconnaissance. Je suis Sauveteur quand j'aide quelqu'un qui n'a rien demandé, ou que je persiste à donner alors que ce n'est pas efficace. « J'ai pensé, comme ton budget est serré depuis que tu ne fais plus d'heures supplémentaires, de t'avancer les 3000 $ pour que tu puisses t'acheter quand même ta nouvelle télé. Je déteste te voir malheureuse et je sais bien que cela te fera oublier tes malheurs. Moi, tu sais, j'aime ça rendre les autres heureux. Puis je sais que je pourrai compter sur toi pour prendre soin de ma mère, à l'occasion. »

---

11. C'est dans les années 1960 que Steve Karpmann, élève d'Eric Berne, spécialiste de l'analyse transactionnelle, décrivit le triangle dramatique.

- Le Persécuteur (ou le bourreau) : il fait des reproches aux autres, sous la forme de « piques », par dessous ou en ridiculisant la personne. Là encore, il est « en affaires » avec la Victime. C'est artificiel et inconscient. « L'infirmière qui était au chevet de ma mère m'a tout raconté. Il paraît que tu as été incapable de la faire manger ! Ma pauvre mère maigrit à vue d'œil et toi, tu es tellement minable que tu n'arrives pas à lui faire avaler ses céréales. Tu veux t'en débarrasser, c'est ça ? Tu veux que j'aie de la peine et tu t'en prends à elle ! C'est moche. Tu es vraiment une bonne à rien ! »

Au quotidien, la meilleure manière de ne pas tomber dans le jeu du triangle dramatique est d'éviter de jouer ces trois rôles. Si votre attitude était inconsciente, il est temps d'ouvrir les yeux et de refuser les réactions habituelles qui reprennent ces modèles. Si l'autre vous blâme ou vous juge, identifiez clairement son comportement et réaffirmez votre capacité d'être vous-même. Pour renverser le *pattern*, demandez de l'aide au Bourreau et proposez votre aide au Sauveteur en évitant de jouer les Victimes. Tout le monde devra se réadapter au nouveau contexte. Évidemment, la seule personne que vous pouvez changer, c'est vous ! Vos tentatives ont une portée personnelle, ce qui est déjà résoudre le tiers du problème.

LES SILENCES QUI BLESSENT

Les relations de couple comportent une large partie de non-verbal et, parfois, il faut regarder la cause des conflits bien au-delà des mots qui sont échangés. Les silences, notamment, prêtent à toutes sortes d'interprétations, de suppositions. « Je croyais que tu pensais que je savais ce que tu ne sais pas tout en le sachant... » Se peut-il que plusieurs de nos réactions soient aussi fausses que certaines de nos croyances ? Couples en vie, comment comprendre les forces qui nous font agir sans que nous soyons systématiquement conscients de l'importance de nos attitudes ? C'est tellement drôle d'apprendre que tout ce qu'on croyait savoir, nos belles théories, ne dépendent pas toujours de notre volonté. Nos gestes parlent, nos convictions profondes refont surface et disent réellement qui nous sommes. On peut toujours essayer de faire mentir des mots, mais la vraie nature d'une personne reste présente et on peut la décoder par de simples observations. Pour mieux reconnaître ses propres attitudes et celles du partenaire, voici quelques notions qui nous apprennent à voir les contradictions entre les hommes et les femmes. Découvrons ici quelques-unes des recherches de la *Thérapie d'Impact*[12] créée par la psychologue Danie Beaulieu, qui nous ouvrent les yeux sur nos comportements muets.

Cette psychologue nous apprend que, pour arriver à être heureux et à donner son maximum dans la vie, il faut cultiver la fierté envers soi-même. Ce mot nous permet de découvrir les forces qui amènent les humains à devenir conscients de leur nature profonde puis à prendre en main leur cheminement personnel… ce qui s'adresse ici également au couple, vous l'aurez compris. Sans qu'un seul mot ne soit nécessaire, vous pouvez vous situer dans les propos qui suivent. Prenez bien le temps de vérifier si vous êtes un passif, un réactif ou un proactif.

1. **Passif**: C'est une attitude qui tend à nous maintenir inactif, passif, qui fait naître peu à peu un sentiment d'impuissance et de dépression. Exemple: «Paul arrive du travail et il s'installe dans son fauteuil pour la soirée. Pas un mot, rien de constructif pour son entourage. On dirait que son cerveau est à *OFF* dès qu'il rentre à la maison. Il ressemble à un robot dans sa bulle: sandwich, bière, pauses publicitaires.»

---

12. Ce livre de Danie Beaulieu, docteur en psychologie, fait partie des lectures inspirantes. Il explique l'évolution consciente et l'évolution inconsciente dans ce qu'elles ont de plus caractérisé, notamment entre les hommes et les femmes. En référence au chapitre 4 portant sur la proaction, les quatre forces nous déterminent TOUS.

2. **Réactif** : C'est l'obligation qui nous pousse à réagir aux demandes extérieures, aux urgences. Le réactif va d'une crise à l'autre, pour l'éteindre. Il dépense beaucoup d'énergie, mais n'accomplit pas grand-chose (ne pas confondre mouvement et avancement). Sa motivation et ses renforcements proviennent des autres. Exemple : « L'auto est tombée en panne et tout le monde crie après Jacques parce que chacun avait des activités au programme. Évidemment, il n'avait pas fait l'entretien de sa voiture et là, c'est la catastrophe. Ça va coûter deux fois plus cher de remplacer la transmission alors qu'une inspection aurait coûté un peu d'huile à transmission. Pourquoi attend-il toujours que les choses se cassent ? Si je ne le pousse pas, il ne prend aucune décision. J'en ai assez de gérer des crises à cause de son habitude de laisser-aller. »

3. **Proactif** *junior* ou *senior* : Le proactif est celui qui passe à l'action, une action réfléchie, basée sur des objectifs personnels. Il y a le proactif junior, qui a des objectifs à court terme et qui peut réussir sur le plan professionnel, mais pas nécessairement sur les autres plans… Il y a le proactif senior, qui a des objectifs à long terme pour l'ensemble des secteurs de sa vie, basés sur une bonne connaissance de soi et le respect de ses besoins. Exemple : « Je sais bien que ce n'est pas urgent, car Daisy et Billy ont 3 et 5 ans, mais j'aimerais commencer à planifier les études des enfants. Si on investissait quelques dollars chaque semaine, sais-tu qu'ils auraient la chance de faire leurs études universitaires sans s'endetter ? Qu'en penses-tu ? »

Sans un mot, vous seriez maintenant capable de classer votre partenaire. Et de vérifier où vous vous situez. Personne ne peut être dans les trois éléments à la fois. Où en sont vos différentes attitudes ? Êtes-vous passif, réactif, proactif *junior* ou *senior* en ce qui concerne :

- votre santé?
- vos finances?
- votre couple?
- votre vie familiale?
- votre travail?
- vos relations avec vos collègues?
- votre vie sociale?
- vos rêves?

Nous sommes tous différents les uns des autres. Tous, nous avons d'importantes résistances à l'idée de changer de zone. J'ai souvent observé au cours des consultations que les femmes voient la stabilité de leur couple à long terme, cela étant dans leur anima profond, alors que les hommes sont plutôt dans les 24 heures à la fois dans leur animus. Voilà ce qui explique cette orientation en lien avec la continuité du couple, qui repose le plus souvent sur le côté féminin. Les hommes n'ont pas tendance naturellement à penser leur engagement au même rythme que les femmes, ce qui est souvent le déclencheur de conflits et même de rupture. Les femmes proactives ont avantage à discuter avec les hommes réactifs ou passifs afin de leur laisser le temps de rentrer dans la stabilité par des décisions progressives mais jamais précipitées.

Quel type de personne vous attire le plus? Le seul fait de devenir conscient des modes d'interaction qui se sont forgés au fil des années pousse l'individu à se munir de nouvelles stratégies, plus efficaces, afin d'être contaminé par les personnes affichant un niveau d'évolution inférieur au leur, sur la pyramide de la proaction..

L'effet d'attraction ou de répulsion est un indicateur qui aide les personnes proactives à progresser, à améliorer leurs conditions de vie, à trouver la meilleure façon d'augmenter leurs standards de vie. Si l'autre ne suit pas... s'il résiste à l'expression de sa fierté, créez avec lui ou elle de nouvelles formes d'interactions. En sortant de sa zone, vous créez une déstabilisation qui pourrait réussir à briser quelques résistances. Un petit pas à la fois, passifs et proactifs s'entraîneront à devenir meilleurs.

> *Mon Paul est toujours à se plaindre que c'est la faute de son père s'il est devenu une victime. Il pleure sur son sort et rien ne peut le sortir de cette lamentation perpétuelle. Un jour, pour vérifier pourquoi il ne tournait pas la page pour mieux bâtir son présent, mon amie a rempli un contenant de plastique avec du sable puis elle a mis le couvercle. «Crois-tu que, chaque fois que tu en parles, tu ajoutes ou tu enlèves du sable à ton passé?» lui a-t-elle demandé. Il a regardé le contenant et il a dit: «Il y a et il y aura toujours autant de sable parce que c'est lui, mon père, qui est responsable de mon malheur.» «Eh bien, a ajouté mon amie, dans ce cas, il est donc inutile d'en parler encore puisque cela ne change rien. Ce qui est passé, même si tu en parles pendant cent ans, ne bougera pas. Mais toi, tu es vivant, alors, laisse ce contenant fermé et prends ta vie en main. Tu n'as pas à prouver à ton père que tu as raison. Change de disque...»*

La théorie de la proaction permet de mettre en marche des mécanismes différents de motivation. Rappelez-vous que, si vous voulez obtenir ce que vous n'avez pas encore... c'est à vous de changer les *patterns*.

Et si nous divorcions?

Dans les crises matrimoniales, les questions qui précèdent les décisions sont importantes. **Si je divorce**? Il y aura une série de conséquences telles que celles-ci:

- Le changement, d'abord. Car il me faudra sortir de ma zone de confort.
- La peur de me tromper. Et si j'allais commettre une erreur?
- Un coût financier.
- Des réactions négatives chez les enfants.

- Je risque de perdre mes amis.
- J'aurais sans doute à déménager.
- Je pourrais me retrouver seul ou seule.
- Je risque de ne pas me trouver un ou une partenaire.
- Mon entourage va me juger.

Si je ne divorce pas, quelle est la liste de ce qui m'attend ?
- Pas de dépenses additionnelles.
- Les enfants ne sont pas victimes de ma décision.
- Je garde mes amis.
- Je reste dans la maison.
- Je reste près de ma famille.
- Mon couple peut s'améliorer.
- Personne ne va me juger dans l'entourage.

Une question revient souvent dans la pratique : « Est-ce que je devrais rester en couple pour mes enfants ? » Je réponds en trois volets :

1. Lorsqu'on a des enfants, qu'on les aime, ne devrait-on pas tout faire pour que la relation fonctionne ?
2. Lorsque des enfants sont impliqués, le meilleur héritage à leur laisser est d'être bien dans sa peau. Est-ce le cas pour vous ?
3. Un autre aspect est important : les enfants sont-ils bien dans ce qu'ils vivent ? Peuvent-ils s'épanouir ? Souffrent-ils de la situation tendue ?

Si je divorce :
- Je me respecte.
- Je suis fier du modèle de respect de soi que je donne à mes enfants.
- Je suis à nouveau libre pour une union plus riche et en lien avec la personne que je suis devenue.
- Je sais reconnaître qui sont mes vrais amis.

Si je ne divorce pas :

- Je tente de trouver les clés d'une relation plus respectueuse.
- Subir sans réagir est un modèle que je ne veux pas transmettre à mes enfants, alors je rebondis.
- Une relation stérile va me démolir, alors je tente de trouver des stratégies qui vont dans le sens de mes valeurs.
- Je recherche la compagnie de gens qui s'intéressent à ce que je suis et non à ce que je projette.
- Je peux décider de divorcer n'importe quand si mes efforts restent sans améliorations.

Deux personnes proactives forment et formeront pendant des années un couple en vie ! La connaissance de ces forces comportementales positives ou négatives apporte non seulement un savoir particulier, elle aide aussi à se forger un meilleur jugement, une conscience et une compréhension accrus du monde qui nous entoure. Les neurones sont des muscles qu'il faut faire travailler. Toute personne qui possède une connaissance est plus apte à faire ses choix et, par le fait même, elle est moins influençable, plus autonome que toute autre personne.

Les variantes en matière de sentiments amoureux sont aussi nombreuses que les nuances de la palette de couleurs. Pourtant, il n'y a que cinq combinaisons de base : les quatre couleurs primaires ou la superposition de toutes les couleurs. Ainsi peut-on imaginer les différents types d'interrelations entre humains :

Le rouge pour l'amour passionné. Éros ou Aphrodite sont au rendez-vous. Les passionnés s'engagent rapidement sur la base de l'attirance physique et de la satisfaction sexuelle.

Le bleu pour l'amour compagnonnage. Il se développe sur une solide amitié et devient un gage de sécurité. La relation s'appuie sur la confiance en un partenaire qui partage nos valeurs.

L'amour pragmatique consiste à s'engager avec la bonne personne au bon moment. On troque drame et excitation contre un partenaire avec qui on peut bâtir sa vie.

Le jaune ou l'amour ludique. C'est le flirt et la séduction, les relations multiples où la nouveauté de chaque partenaire fait la différence.

Le vert ou l'amour dévoué. C'est l'altruisme et le don de soi. On entre en relation comme en religion, pour pouvoir donner sa vie à une cause en laquelle on croit.

Le noir ou l'amour corrosif. Les passions se vivent avec des hauts et des bas, les possessifs et les jaloux se torturent sans pouvoir se quitter, ils se brûlent et se détruisent jusqu'à la déraison.

Quelle est la couleur de votre partenaire actuel ? Si vous optez pour ce nouveau partenaire qui se pointe dans votre vie, de quel type de relation s'agira-t-il ? Croyez-vous possible d'être plus heureux ou heureuse avec l'un ou l'autre dans cinq ans ?

Ce chapitre nous apprend que tous les moyens sont bons pour apprendre sur soi et sur l'autre : lire, rencontrer des gens, s'impliquer en société, s'inscrire à des formations, se donner des temps de réflexion en dehors du couple, apprendre à mieux se connaître, participer à des ateliers de groupe, retenir les services d'un coach de vie, etc. Travailler sur soi, c'est se rendre plus compétent pour aider son couple, subtilement, afin que les dynamiques négatives soient remplacées par des actions constructives.

C'est parfois par imitation qu'on acquiert de l'autodétermination. Pour beaucoup de personnes qui ont osé quitter des attitudes négatives, la nouvelle personne que vous devenez va s'imposer comme un modèle et c'est là que la fierté d'avoir progressé vous donnera l'audace d'aller de plus en plus vers votre pleine capacité d'être heureux et heureuse personnellement. On le sait maintenant, deux personnes autonomes et capables de s'affirmer sans se combattre ou se disputer le pouvoir en jouant à des jeux de rôles, c'est exactement ce qu'il faut pour vivre en couple et garder ce couple vivant. Bas les masques !

« L'ÉTINCELLE DANS NOTRE CŒUR NOUS PERMETTRA TOUJOURS DE FAIRE UN FEU LES JOURS DE GRISAILLE. »

POUR MIEUX RÉGLER LES CONFLITS EN COUPLE

- Arrêter de se mettre la tête dans le sable : rien ne changera dans votre vie, dans votre couple, sans un redressement d'attitude, sans une volonté de régler certaines situations qui posent problème. Tout le monde peut se changer... mais personne d'autre ne vous changera que vous-même !
- Apprendre à classer les expériences passées une fois qu'on en a fait le tour, car elles peuvent paralyser votre cheminement actuel. Est-il plus important d'avoir raison ou de vivre un autre chapitre de votre histoire pour être plus heureux ?
- Diagnostiquer les problèmes qui se cachent sous les rôles du triangle dramatique au cours d'une journée. Suis-je Bourreau, Victime ou Sauveteur ? Pourquoi ai-je adopté telle position ? Si je redevenais simplement moi-même ?
- Savoir reconnaître ses motivations face à une importante décision. Si je décide de changer, que va-t-il se passer ? Si je reste tel que je suis ? Est-ce que je pense comme un passif, un réactif ou un proactif ?
- Déterminer si votre couple souffre de ces masques déformants. Trouvez cinq situations faussées par l'une ou l'autre des déformations. Placez ensuite les actions qui peuvent vous aider à sortir de ces pièges. Être vous-même vous apportera un espoir certain. Quelle fierté ressentirez-vous alors ?

Chapitre 8

Les maladies mangeuses d'amour

Il faut parfois appliquer les freins pour éviter un accident.
Pour moi, c'est comme un feu rouge, un signal d'alarme instantané
qui signifie: «Tasse-toi harmonieusement... pour éviter la collision.»

POUR UN COUPLE EN SANTÉ

La majorité des baby-boomers ont eu une éducation qui a probablement un point commun universel : nous avons appris à faire ce qu'on nous demandait et non à être nous-mêmes. C'était la méthode du « Je t'aime si tu fais… ta chambre, tes devoirs, le bon garçon, la fillette sage, etc. » Un compliment, durant notre enfance, était une denrée rare, et parfois empoisonnée, parce qu'après le compliment venait parfois le piège. Vous avez grandi dans cet univers, vous aussi ? À quel moment de votre vie pouvez-vous situer la première prise de conscience de votre existence en tant qu'être ? Goûter la fierté à 15 ans, lorsqu'un professeur vous félicite pour un bon geste ou souligne un trait positif de votre personnalité, c'est un choc, on n'y croit pas, mais c'est un signe révélateur.

La plupart des personnes se rappellent précisément cette conscience d'avoir été gratifiées aux yeux de quelqu'un par un bon mot, une bonne note, une reconnaissance. C'est la première notion de leur identité propre. Évidemment, si un talent particulier était cité, le désir de se dépasser naissait de cette stimulation. Et tous les adolescents vivent cette recherche d'eux-mêmes qui ressemble à un labyrinthe sans fin. Nos modèles éducatifs se basaient à cette époque sur la comptabilisation : une bonne action est annulée par une mauvaise action et le bilan est plus souvent négatif. Pas étonnant que plusieurs adultes d'aujourd'hui n'aient pas une excellente estime de soi. Ainsi, lorsque deux jeunes adultes se rencontrent, s'attachent l'un à l'autre et décident de vivre ensemble, c'est cette façon de faire qu'ils emportent avec eux. Mais ils ne sont pas les parents, les gardiens de l'autre... et ils admirent l'autre par-dessus tout. Comment faire alors pour redéfinir les comportements homme-femme et s'attribuer une valeur exacte sur ce que l'on est comme individu ? Comment apprendre qui on est ?

Même en couple, je suis responsable de moi

Quel que soit le lien d'amour qui vous attire et retient ensemble, vous ne serez jamais en mesure d'assurer le bonheur de l'autre, de lui garantir une vie à l'abri des épreuves. C'est impossible ! Être marié, ce n'est pas être tatoué ! Vous allez être à l'écoute, attentif à créer des conditions agréables et vous veillerez vaillamment à ce que l'autre ne manque de rien. Mais son bonheur lui appartient. En apprenant à être vous-même le plus heureux possible, à dire ce qui vous convient et à faire ce qu'il faut pour vous accomplir, vous permettez à l'autre de faire le même chemin de son côté.

Deux adultes qui arrivent à être autonomes, à bien se connaître et à s'accompagner « en amour » seront un couple heureux. Or, la réalité du couple, c'est que trop souvent on confond « prendre soin de l'autre » avec « prendre l'autre en charge ». Aider l'autre à vivre ce qu'il a à vivre et l'entourer en le soutenant, c'est ça, prendre soin de son partenaire. Vous le regardez faire et vous le rassurez en étant présent à ses côtés, mais ce sont ses décisions, ses choix, ses défis qui s'accomplissent. La ligne est mince entre celui qui accompagne et celui qui décide pour l'autre.

Le risque, en prenant l'autre en charge, est de ne pas avoir conscience que ce n'est pas de lui ou d'elle que nous prenons soin, mais de nous, de notre propre besoin de nous valoriser, de notre bonne conscience, de notre image de protecteur. L'autre se retrouve prisonnier de notre empiètement et il ressent alors de la frustration, de la confusion puis, malheureux, il se sentira dépendant, diminué et progressivement dépourvu. Chacun a besoin d'une identité propre, d'une sécurité affective et doit être en mesure de se faire confiance. L'attitude de celui qui agit en sauveteur va créer une victime, alors que, si chacun prend ses décisions, nous avons deux personnes qui s'assument. L'attitude protectionniste n'est pas saine dans la mesure où elle annule les qualités d'autonomie du partenaire, et c'est encore plus difficile à détecter et à désamorcer, parce que les intentions peuvent sembler bonnes.

> *Camille est une femme à la santé fragile et, malgré l'avis de son médecin, elle voudrait retourner sur le marché du travail lorsque Mathieu et Émilie rentreront à l'école. Il est vrai qu'avec des jumeaux à élever elle en a plein les bras. Je vois sa fatigue et, même si je l'aide de mon mieux, c'est elle qui s'épuise à la tâche. Alors, retourner au travail va la tuer! Je ne veux pas la voir souffrir. J'ai donc entrepris de la dissuader parce que je suis convaincu que c'est mieux pour elle de rester à la maison et de refaire ses forces. Je m'oppose à tout ce qui va lui demander un surcroît d'efforts, parce que je l'aime. Or, elle me dit que, si je l'aimais réellement, je la laisserais décider ellemême de ce qu'elle veut faire de sa vie. Je fais ça pour la protéger, moi. Elle ne me comprend pas!*

Rappelez-vous que faire réellement confiance à l'autre dans ses décisions, ce n'est pas que des mots: c'est l'encourager à ouvrir ses ailes et lui redonner toute son estime de soi. Aimer, c'est laisser l'autre libre de vivre ses expériences...

Voilà une première situation où l'attitude «paternaliste ou maternaliste» joue un rôle dans l'équilibre futur du couple. Comme une bactérie mangeuse de chair, le virus de la dépendance va gruger le meilleur de la relation.

JE T'AIME À MORT...

Nous avons appris à correspondre aux attentes des autres, à nous mettre sous tension pour eux. Cela parce que nous attendons que les autres correspondent à ce que nous attendons d'eux. Ce jeu nous fait aimer l'autre non pas pour lui-même, mais pour ce que nous attendons de lui. « Un bon père, c'est un homme d'autorité… une bonne épouse, c'est toujours disponible pour son mari… un bon fils obéit toujours à ses parents ! » Étiquette = tension ou, plus simplement, son application : rôle imposé = déformation de soi.

Nous devons reconnaître les relations sans créer ce type d'obligations déformantes. Un couple ne joue pas une pièce de théâtre pour prouver une morale quelconque. Rien de plus pernicieux, car vous vivrez une perte rapide de votre confiance en vous, ce faisant. C'est une attitude qui masque la capacité d'évoluer tel que l'on est et qui fausse les relations. L'escalade de cette déformation va passer de la frustration à l'action violente. « Si tu ne fais pas ce que je veux, je te forcerai à le faire ! Mes attentes sont que tu agisses comme ceci… » Ici, l'amour est utilisé pour contrôler l'image de l'autre qu'on voudrait forger à notre façon. Après coup, on se dit : « Il m'aime tellement que je lui pardonne… » Mais il recommence ! L'attitude de la victime devient aussi un rôle et, dans le pardon, il y a le rôle du sauveteur. C'est illusoire.

> La dernière bagarre m'a laissée meurtrie. Philippe a encore pété les plombs parce que le souper n'était pas à son goût. Que veux-tu, je ne ferai jamais la cuisine comme sa mère ! Et cela le met en colère… C'est tellement ridicule que je suis gênée d'admettre qu'un homme aussi bien que lui ait ce genre de comportement inadmissible. Me comparer sans cesse à quelqu'un d'autre, c'est comme me dire que je ne vaux rien ! Mais j'ai bien réfléchi. Je suis une personne beaucoup plus intelligente que sa mère… Et ça, il ne le voit pas. Alors, pour éviter qu'il me tabasse à nouveau, il va y avoir du changement entre nous, sinon je le quitte.

Pour se soustraire à la spirale, il faut s'imposer, recommencer à être soi-même, ne plus laisser l'autre dicter ses faits et gestes. La déstabilisation de ce jeu : « Tu deviens comme je veux que tu sois » se fait par : « Je ne t'appartiens pas et je suis capable d'être moi-même, que ça te plaise ou non ». Il s'agit d'une forme d'autodéfense psychologique pour bloquer ce que l'autre veut imposer.

L'attention de celui qui veut changer l'autre est portée sur un petit élément négatif qui prend, dans un contexte d'insatisfaction somme toute banal, une proportion énorme. Les déclencheurs des crises de violence récurrentes sont des petits riens qui font boule de neige. Il faut faire attention notamment au jeu des comparaisons (dans le sens : qu'on-n'a-pas-raison). Pour détourner l'attention négative et désamorcer la crise avant qu'elle n'éclate, l'attention pourrait être portée sur un point positif qui correspond à la personnalité réelle. « Ta mère adorait la musique… et j'ai cela en commun avec elle. » Cette stratégie peut entraîner un détournement de la tension et vous redonner votre pouvoir sur les événements par le dialogue constructif. Votre bouclier : « Il ne me fait plus peur et plus jamais je ne ferai quelque chose pour lui plaire au détriment de mes propres valeurs. »

ÊTRE JALOUX, UNE PREUVE D'AMOUR ?

Si tout le monde pensait comme vous, était comme vous, vivait comme vous, votre vie serait de la même trempe tous les jours et il serait inutile de vivre en couple pour se dire « je m'aime » tous les jours. Les différences entre deux personnes, c'est ce qui leur permet de s'apprécier, de se dire : « Je t'aime tel que tu es ! » Or, beaucoup de personnes voient les différences en y lisant une menace : l'autre est trop beau, trop pétillant, trop *sexy*… La peur de le perdre devient active. Ainsi apparaît le comportement jaloux qui s'appuie sur l'insatisfaction et l'insécurité. Analysée à son état pur, la jalousie est un sentiment positif qui résulte de la place prioritaire qu'on peut accorder à quelqu'un qu'on aime. Mais elle peut engendrer des comportements destructeurs qui sabotent le fondement même de la relation. On passe de l'émotion jalouse à l'existence jalouse lorsque l'agressivité, la méfiance, le doute et le harcèlement s'installent.

L'existence jalouse entraîne le camouflage de la réalité et le contrôle du partenaire. Il n'est pas rare que ces deux caractéristiques se retrouvent d'ailleurs chez les deux conjoints.

Les soupçons de Guy deviennent insupportables. Je ne peux même plus remercier le serveur au restaurant sans que la crise éclate. Malgré la prudence et la réserve que je m'impose, ses soupçons réapparaissent à tout moment. Je me demande fréquemment, en regardant agir le mari de ma meilleure amie, comment il doit être agréable de vivre avec un homme qui vous apprécie. Jamais en dix ans je n'ai osé aborder le sujet ni me plaindre, mais la jalousie mine ma confiance. Pour éviter des scènes interminables, car Guy ne le supportait pas, j'ai dû mettre un terme à une amitié qui remontait à l'adolescence. Je me sens seule. Il va avoir ma peau!

La roue de la jalousie peut tourner sur elle-même pendant des années, jusqu'à épuiser toutes les énergies positives du couple. Elle finira peut-être même par engendrer l'infidélité à force de la suspecter. L'usure émotionnelle sape la confiance de la victime et accentue le besoin de contrôle de la part du jaloux. Il faudrait tenir ce couple dans l'immobilité totale et éviter toute situation de contact avec des êtres humains pour que l'équilibre revienne. Or, le jaloux réclame une sorte d'exclusivité impossible à obtenir parce que sa confiance en lui-même est affaiblie. Personne ne nous appartient, pas même nos enfants, faut-il le préciser? Il pense constamment qu'il n'a pas tout ce qu'il faut pour mériter l'amour de l'autre. Il refuse de combler lui-même cette carence et il exige de sa partenaire de lui garantir cette sécurité. Il a tellement peur... de se retrouver seul qu'il est devenu dépendant affectif.

La difficulté de communiquer les émotions vraies a fait place à la communication des interdits et des effets de la jalousie. Les rôles contrôlant-contrôlé s'interchangent et se terminent par des colères. Pour se sortir de ce piège, le conjoint victime doit refuser cette culpabilité qu'il ne mérite pas. Il doit aussi assumer que l'autre n'est pas responsable de ses souffrances et de la détérioration de la relation, car, s'il avait résisté à ce *pattern*, la jalousie ne se serait pas incrustée à ce point. La jalousie est souvent reliée au fait que l'on ne se fait pas confiance. La fidélité première est celle que l'on se doit à soi-même. En réaffirmant ses valeurs, le conjoint se redresse et se soustrait à toute manipulation en imposant à l'autre le respect.

Lorsque les couples me consultent, ils sont souvent aux prises avec des relations toxiques. Au fil de mes 20 années de pratique, j'ai constaté qu'il existe une sorte de *pattern* chez certains couples : la femme est anxieuse et l'homme de plus en plus inaccessible, puisqu'il refuse de s'engager. Il y a une victime de rejet, la femme, et un homme qui se sent étouffé. Pour remettre les pendules à l'heure, il faut prendre en compte que personne d'autre que vous-même ne peut vous rejeter. Lorsqu'on connaît sa valeur personnelle, on se sent solidifié, bien ancré dans sa terre, dans ses convictions. On ne se laisse pas ébranler par les petites choses qui nous limitent. On regarde la porte qui peut s'ouvrir dès qu'on le choisit, au lieu de la fenêtre étroite qui nous semble celle d'une prison.

Pour le jaloux, aller à la source de ce sentiment est essentiel et il pourrait recourir à l'aide professionnelle pour mieux arriver à comprendre l'origine de son comportement. Certains de ses besoins sont insatisfaits et il doit apprendre que lui seul peut combler ses attentes. Un professionnel l'aidera à explorer ses résistances et ses peurs pour corriger son interaction relationnelle avec son ou sa partenaire. Si et seulement si les deux partenaires en arrivent à regarder le problème et les insatisfactions qu'il engendre, la jalousie peut donner lieu à un retour des forces vitales au sein du couple. En repoussant la tentation du contrôle illusoire pour choisir la dynamique d'un règlement négocié dans le respect et la confiance, la survie du couple est possible. «Je me pardonne! Tu te pardonnes! On réapprend à se faire confiance!» C'est ainsi que le lâcher prise peut apporter une sorte de paix intérieure face à soi-même.

LA LIGNE ENTRE L'ACCEPTABLE ET L'INACCEPTABLE

Il y a plus de joie à tenter de résoudre ses conflits qu'à réussir à les aggraver. C'est ce que devrait se dire toute personne qui, vivant en couple, se sent tentée d'aller voir ailleurs parce qu'elle ne se sent pas comblée chez elle. L'infidélité peut sembler une solution, mais elle masque un nouveau désaccord, plus profond encore que le fait de n'avoir pas obtenu dans sa relation avec son partenaire tout ce qu'on espérait y trouver. Dans un couple en vie, c'est essentiel d'avoir la liberté d'être soi-même, dans un contexte de respect mutuel.

Les hommes en général accordent à l'infidélité une valeur moindre que les femmes. On s'accorde généralement pour dire, avec humour, que les femmes ont inventé la monogamie et les hommes la polygamie. Pour un homme, une aventure occasionnelle n'a pas le pouvoir d'affecter sa relation matrimoniale, parce que sexe et amour ne sont pas classés dans le même tiroir. Mais s'il a une vie sexuelle terne avec sa partenaire, il admettra que c'est cette insatisfaction qui le pousse à aller voir ailleurs. L'ombre d'un paradoxe se faufile ici... Puisque l'infidélité est ressentie comme une blessure importante pour les femmes, une trahison, un signe d'échec, la rupture devient l'une des premières solutions en pareille circonstance.

Les causes de l'infidélité sont multiples. Parfois, les femmes communiquent mal leurs besoins et leurs attentes, et elles vont se refermer au lieu de faire confiance; parfois, le manque d'attention du partenaire va renforcer ce mur qui se dresse; parfois, les jeux sexuels sont sous l'emprise des autres sentiments et ils deviennent négociables, transigés selon la volonté d'exercer un pouvoir et soumis aux conditions extérieures; parfois, l'accord corps-cœur-tête est difficile à atteindre, mais, le plus souvent, c'est l'absence d'une complicité amoureuse au cours de toute la journée qui va provoquer une sorte de refroidissement.

Deux amants comblés et amoureux laissent en général peu de place aux tentations d'infidélité, même si c'est un tiers qui les sollicite. «Je suis heureux; j'ai déjà trouvé l'âme sœur» vont signaler que le cœur est pris. La notion même d'âme sœur implique, selon moi, que l'autre nous aide à évoluer sans nous retenir. Chacun a donc un choix à faire. Les hommes et les femmes qui succombent aux charmes de la nouveauté en s'octroyant une liberté personnelle utilisent malheureusement le mensonge pour le camoufler. La blessure la plus dommageable repose en grande partie sur ce mensonge plus ou moins raffiné qui prend des allures de trahison face à leurs engagements, aux valeurs du couple.

L'infidélité circonstancielle et celle qui s'installe sur de longues périodes n'ont pas le même impact, cela dit, tout en admettant que les valeurs communes subissent un assaut majeur. Un dialogue sincère peut ouvrir la porte du pardon à soi-même et de la reprise du dialogue. Dans la dynamique du couple, les causes de l'infidélité méritent plus d'attention que les faits en eux-mêmes, dans ce sens où le reproche, la culpabilisation et la punition ne servent strictement à rien. Punir est un *pattern* du triangle dramatique qui fera de celui qui vous a trompé une victime, alors que vous vous percevez aussi en victime. Le salut du couple repose en large partie sur la capacité de se pardonner mutuellement «pour avoir laissé son couple se distancer» sur le plan de l'exclusivité sexuelle.

LA DÉPENDANCE ET LES TROUBLES PATHOLOGIQUES

La notion de maladie émotionnelle ou mentale peut convenir à plusieurs désordres allant de l'excentricité à des manies offensives, aussi bien qu'aux psychoses graves. Lorsque les troubles de comportement demeurent légers, le couple peut s'en accommoder en basant son interaction sur le fait que chaque personne a droit à sa différence. Des êtres singuliers sont tout aussi aimables et attirants, parfois même davantage, que des personnalités conventionnelles. Lorsque vous répondez à cette question, le degré de votre tolérance sera mesurable : « Cela pose-t-il un problème à l'un d'entre nous, voire aux deux ? » Rappelez-vous qu'on ne peut pas réparer ce qui est brisé, notamment une vie. Il arrive que l'état de santé et de dangerosité commande une action immédiate, dans quel cas une hospitalisation ou une prise en charge spécialisée s'impose sans délai.

La vulnérabilité émotionnelle rend la personne inapte à réagir à ce qu'elle vit, donc elle n'a plus la capacité de participer à la résolution du problème. Elle peut nier, être en souffrance, ressentir de la colère ; il faudra alors agir sans son appui. En cas de phobie, de dépression, de *burnout* ou d'une maladie comme l'Alzheimer, le partenaire sain a des obligations, dont celle de se protéger et de protéger l'autre contre lui-même si celui-ci devient agressif ou négligent. L'amour que vous portez à l'autre ne pourra pas changer le diagnostic. Nous entendons souvent parler de la spirale dépressive, notamment lorsqu'elle se termine de façon tragique par un suicide ou un drame conjugal. Il faut en retenir une leçon importante : si ces personnes avaient demandé de l'aide, leur vie serait sauve et les soins appropriés auraient pu leur être bénéfiques. Certains médicaments perturbent la capacité de communiquer ou d'avoir une vision juste des dangers. Soyez donc vigilant et prenez les devants. Rencontrer un psychiatre n'est rien à côté d'une longue enquête qui résulte d'un drame irréversible.

LES INDICES D'UNE BONNE SANTÉ MENTALE

Dans la tourmente des problèmes familiaux, plusieurs en arrivent à se demander : « Est-ce moi qui juge mal d'une situation, d'un état ou est-ce que mes observations sont crédibles ? » Voici huit points qui permettent de rester équilibré et, par association, de vérifier si une personne laisse le déséquilibre s'installer dans sa relation de couple.

Évidemment, l'absence d'une de ces caractéristiques ne signifie pas que la personne est en danger. Les reconnaître nous est utile, ne serait-ce que pour éclairer nos propres zones d'équilibre personnel.

1. La capacité de planifier. Quand il faut poser un geste, les gens qui sont bien prennent le temps d'y réfléchir avant et ils organisent leurs démarches. Les impulsifs, au contraire, agissent sur le coup de l'humeur.

2. La capacité d'obtenir le soutien d'autrui. Solliciter le soutien des autres quand on en a besoin, sans cependant les drainer, c'est positif. Cela se traduit par la capacité de se faire des amis au lieu de s'enfermer dans sa coquille.

3. La capacité de maintenir un équilibre entre les différents rôles sociaux. Il y a la profession, le conjoint, les enfants, les amis, l'engagement social, la détente qui doivent s'organiser dans l'harmonie. Travailler vingt heures par jour et négliger le reste n'a rien de très sain.

4. La capacité de s'adapter. Il faut normalement s'adapter à l'adversité. Il y a nécessairement des épreuves et des revers dans la vie. Il faut arriver à les traverser sans tomber en crise ou en panne.

5. Le sens de sa valeur personnelle. Les gens bien s'apprécient à leur juste valeur. Ils s'aiment eux-mêmes. Ils entreprennent seulement ce qu'ils sont en mesure de faire selon leurs capacités.

6. L'engagement social. Les gens en bonne santé mentale savent s'intéresser aux autres, trouvent leur place dans des groupes sociaux et s'adonnent à des activités collectives. Cela indique que la personne est sociable, disponible pour participer à la vie de groupe.

7. Les loisirs. Il est normal d'avoir des activités, des passe-temps agréables qui correspondent aux choses qu'on aime faire. Cela contribue à l'équilibre et permet le ressourcement.

8. L'acceptation du refus. Lorsqu'un « non » est transmis, cela ne signifie pas un rejet total, mais simplement un choix relié à une proposition. Inutile de prendre un refus comme une offense personnelle. Chacun a le droit à son libre arbitre et un refus n'est pas la fin de la relation.

Chaque personne peut subir un stress occasionnel, mais, en règle générale, l'équilibre se traduit aussi par une capacité d'écoute et d'expression de ce que l'on vit et ressent. Une personne qui ne communique pas ou qui ne se détend jamais est sans doute plus vulnérable, même si elle fonctionne normalement, sur un mode robot.

LES SYMPTÔMES QUI AFFECTENT LE COUPLE

Parmi tous les sujets qui peuvent venir compliquer les relations de couple, l'argent, les enfants et la famille élargie constituent des défis parfois difficiles à surmonter. Si vous êtes de ceux et celles qui affrontent une, deux ou même trois de ces difficultés, alors nous allons tenter de vous guider vers la sortie du tunnel.

Premier point : Est-ce que vous ramez tous les deux dans la même direction ?

Deuxième point : Est-ce que vous arrivez à exprimer vos émotions entre vous ?

Troisième point : Êtes-vous en mesure de faire équipe dans une stratégie commune ?

Quatrième point : Pouvez-vous rester vous-même, garder votre espace personnel intact ?

Devant tout problème majeur, ces quatre questions permettent une réorganisation de la vision du couple, malgré les opinions divergentes. Comme ces aspects de la vie en couple nécessitent un accord, une priorisation des actions et un soutien mutuel, ils sont en quelque sorte une police d'assurance contre les maladies graves du couple. Quand on se blesse au bras, on nettoie la plaie et on met un pansement. Mais quand c'est notre cœur ou notre tête qui est atteint, on fait quoi? Voici deux situations qui peuvent nous inspirer des réactions adéquates.

> *Je viens d'apercevoir sur le cellulaire de mon chum le message suivant : « On se voit jeudi après le boulot. Gros bisous... K. » Il ne m'a pas parlé de cette sortie. Dois-je me poser des questions ?*

- On se calme.
- On freine les émotions négatives en attendant les explications.
- On analyse les faits sans accusation.
- On choisit le bon moment pour en parler.
- On demande des explications et on les écoute attentivement.

> *Mon conjoint vient de m'annoncer qu'il me quitte. Je ne m'y attendais pas, car on avait passé un beau week-end ensemble il y a quelques semaines seulement. La surprise me laisse sans voix.*

- On essaie de connaître ses véritables motifs.
- On demande de l'aide pour les responsabilités quotidiennes à partager.
- On se donne un peu de temps seul.
- On se confie à quelqu'un ; on prend rendez-vous avec une ou un professionnel neutre.

Il faut parfois admettre, en toute sagesse, que certaines crises dans le couple sont insolubles. Il faut donc aussi accepter de lâcher prise lorsque le constat d'échec est fait de bonne foi. Mais comment lâcher prise ?

Lâcher prise, ce n'est pas :

- se montrer indifférent, mais simplement admettre que l'on ne peut agir à la place de l'autre ;
- couper les liens, mais prendre conscience que l'on ne peut contrôler l'autre ;
- rester passif, c'est au contraire tirer une leçon d'un événement ;
- blâmer ou vouloir changer l'autre mais donner le meilleur de soi-même ;
- rejeter ; c'est au contraire accepter ;
- harceler, sermonner, gronder, mais tenter de déceler ses propres faiblesses pour mieux s'en défaire.

Lâcher prise ressemble plutôt à :

- craindre moins et AIMER davantage ;
- tout d'abord relâcher, rendre quelque chose de moins tendu, abandonner la pression ;
- accepter de s'ouvrir à ce qui vient, de changer de regard, de modifier son interprétation ;
- faire parfois le deuil de quelque chose à quoi on tenait ;
- pardonner et pardonner encore jusqu'à mettre son attention sur ce qui arrive et nous apprend à vivre avec philosophie et sagesse.

Les personnes respectueuses des autres ont toutes en commun d'accepter cette façon humaniste de vivre et laisser vivre. Nous recherchons tous le respect. Les conflits qui se règlent dans cet esprit apportent une sagesse et font grandir l'amour, l'attachement, la complicité future. Il n'y a que dans les films que la fin arrive toujours comme par magie. Dans la vraie vie, il faut conquérir son bonheur comme on gravit une montagne. C'est ce qui permet au couple d'apprendre, au fil du temps qui passe, à être heureux ensemble. Chacun est appelé à mettre de l'eau dans son vin en se redisant à quel point on est tous différents mais aussi complémentaires.

« LE CŒUR QUI AIME BEAUCOUP A AUSSI BEAUCOUP DE PLACE POUR LE PARDON. »

POUR AIDER LA SANTÉ MENTALE DU COUPLE

- Accepter de tomber en amour avec… soi-même! Pendant une dizaine de minutes, concentrez-vous sur votre respiration et inspirez… Comme l'air, vous rentrez en vous-même pour capter les bienfaits de l'oxygène puis vous expirez tout ce qui vous dérange, vous déplaît, vous pollue. La sensation d'être calme vous fera aimer la personne que vous êtes.

- Réaliser que l'amour n'est pas la relation, mais un état d'être, une valeur attachée à un bouquet d'émotions, comme l'est une gerbe de ballons. Visualisez l'amour que vous avez pour vous-même. Mettez de la couleur à vos ballons-émotions et voyez le fil solide qui les relie ensemble jusqu'à votre main. L'amour de soi vous connecte à votre essence et vous permet de vivre des relations de meilleure qualité.

- Prendre le temps d'examiner son corps. Votre corps est votre maison et personne d'autre que vous ne le contrôle. Vous arrive-t-il de le critiquer, de lui en vouloir de n'être pas aussi beau ou parfait que vous l'auriez souhaité? C'est possible de se mettre en valeur pour augmenter son estime de soi… C'est aussi possible de faire la réflexion sur l'être et le paraître. Nos expressions, nos états d'âme modifient profondément la façon dont les autres nous voient. Votre beauté naturelle est à la fois en vous et à l'extérieur de vous. Faire l'achat d'une maison en se basant seulement sur l'apparence extérieure serait une décision insensée. Il en est de même pour les humains. Les marques du temps donnent un cachet très agréable à la personne que vous êtes et votre acceptation de vous-même vous illumine bien plus que vous ne pouvez l'imaginer. Nous allons tous vieillir et changer avec le temps. La véritable beauté d'une personne est d'abord dans son âme. Les âmes vieillissent tellement bien !

- À l'occasion, rétablir le courant d'énergie qui vous attire vers la personne aimée. Visualisez d'abord votre état de solitude. Êtes-vous bien dans cet état ? Avez-vous l'impression qu'il vous manque quelque chose, comme une sensation d'un liquide qui aimerait circuler généreusement, mais qui reste emprisonné en vous. Tous les bons sentiments que vous éprouvez pour l'autre sont présents dans ce courant qui a besoin de sortir de vous. L'amour est comme ce liquide qu'il faut transporter de l'un à l'autre. Si vous l'emprisonnez, vous sentirez peut-être une boule dans l'estomac ou un malaise dans le ventre… La tendresse, l'affection, l'intimité, le plaisir d'être spontané ne demandent qu'à être libérés dans cet élan. Si tel est le cas, placez votre main là où la tension se trouve et massez cette zone. Écrivez ou dites à haute voix les sentiments qui sont ancrés en vous et qui demandent à passer jusqu'à l'autre. Extériorisez ces émotions et offrez-les à votre partenaire, à tour de rôle. C'est ce que vous pourrez appeler intimement «vos noces intérieures».

- Assouplir les angles. Les «toujours», les «jamais», les «c'est tout le temps pareil», les «je le savais bien» ou les «je ne pourrai jamais» ne devraient pas faire partie de notre vocabulaire. Ces expressions dérèglent le dialogue, elles le dramatisent inutilement. Elles creusent des frontières au lieu de vous rapprocher. «Je vais essayer…», «je t'aime la plupart du temps» ou «je te fais confiance» ajoutent des chances, de la flexibilité, à votre relation.

Chapitre 9
Un modèle sans top modèle

Les formules trop parfaites présentées au cinéma ne sont pas des modèles réalistes ; l'amour aura une fin heureuse si les deux metteurs en scène vivent leur relation dans le concret, avec le désir de construire un chef-d'œuvre durable.

LE COUPLE À TRAVERS LE TEMPS

Il n'y a pas deux couples identiques. Vous n'en êtes plus à votre première expérience ? Alors vous savez que la dynamique de cette organisation ne se transpose jamais de la même manière. Cela ne signifie pas que des modèles ne peuvent se retrouver chez l'un ou chez l'autre des partenaires pour en influencer l'évolution. Avoir l'expérience de la vie en couple n'ajoute pas, mais n'enlève pas non plus de chances à la relation de réussir. En règle générale, le couple nouvellement formé va se définir et il empruntera différentes étapes vers sa maturité. Ces étapes sont assujetties à la réalité quotidienne et à la profondeur des engagements que vous serez capable de créer à deux. Les trois autres points qui influencent la durabilité du couple sont la communication, la sexualité et la spiritualité, cette élévation de la conscience qui alimente nos croyances. Comme il est question ici de valeurs qui se partagent, il est vital que les amoureux acceptent d'accorder à leur couple une place de choix dans leur vie.

Arrivez-vous à considérer encore la vie de couple comme un objectif constructeur dans votre vie, un tremplin vers l'épanouissement personnel et familial ? Si vous répondez non, à quels aspects de votre couple accordez-vous des valeurs négatives ? Loin de prôner une vision idéalisée du couple, il faut convenir que le mariage a souvent été un choix vocationnel. « Il faut être fait pour ça », disaient nos parents ou nos grands-parents ! Qu'est-ce que c'est, ce défi à deux qui demande un investissement plus complet qu'un simple choix professionnel ? C'est essentiellement un engagement à former un couple qui s'aimera assez pour offrir à ses enfants et à son entourage des exemples d'un épanouissement basé sur la paix, l'harmonie, la liberté. Personne n'a prononcé les mots conflits, obstacles, crises, problèmes inévitables, car ces éléments ne sont pas les matériaux du couple ; ils sont plutôt le ciment qui les renforce. La construction du couple est vue ici comme une entreprise en évolution qui demande d'être proactifs à deux pour que les travaux d'élévation soient possibles. S'il n'y a pas de modèle, alors comment arriver à créer quelque chose qui soit beau, bon et solide ? Les couples heureux disent que c'est l'œuvre d'une vie entière et qu'on y arrive seulement en étant sincère avec soi-même. Cela mérite des explications...

LA MATURITÉ NE S'ACHÈTE PAS

Le couple se forme d'abord sur une fusion qui est en large partie idéalisée, peu importe l'âge des amoureux en cause. « Il est extra-ordinaire et elle est merveilleuse » sont des sentiments qui expriment parfois une grande illusion sentimentale. Le prix à payer est souvent de sacrifier sa liberté d'être soi-même en échange de cet amour qui nous apporte tant. Tous les autres problèmes de la vie disparaissent pour un temps, laissant aux amoureux la sensation que leur amour sera éternel.

Avec un peu de recul, il arrive que nous constatons que nous sommes attirés par certaines personnes en particulier. Pas étonnant, car l'attirance amoureuse est déclenchée par le langage du corps. Ce code interpersonnel va correspondre à plusieurs personnes et, si vous vibrez une fois pour ce type, il est fort à parier que la vibration sera à nouveau ressentie pour une autre personne du même type. Puisque les premières expériences amoureuses nous apprennent à aimer, si l'amour initial est sain, vous aurez tendance à le reproduire ; s'il est malsain, vous retomberez probablement dans les mêmes ornières. Il en est ainsi pour les gens qui adoptent des comportements tels que : culpabilité, répression, domination, manipulation, dépendance affective et autres. La prise de conscience se fera au fil des expériences, car les échecs nous apprennent à redresser cet état de déséquilibre lorsque la maturité prend sa place dans la vie. La difficulté, c'est que notre ressenti ne nous trompe pas en regard de ce que nous vivons, or rien ne nous indique comment l'autre vit ces mêmes moments. La passion intense des premiers mois camoufle bien cette différence de perception. C'est la phase de la réalité qui nous apportera cet éclairage. L'amour véritable se bâtit avec le temps et l'expérience.

LA DÉSILLUSION PEUT ÊTRE CRÉATRICE

Le mot «passion» a une connotation de souffrance... qui correspond bien à cet éveil qui survient lorsque le couple nouveau termine sa phase fusionnelle. Mais tous ne se retrouvent pas sur une croix! L'intensité des sentiments peut atténuer ce petit deuil qui se vit le jour où l'on se rend compte que la perfection nous a quittés. Deux êtres humains imparfaits sont en face l'un de l'autre. La désillusion ou la créativité? Ce sera un choix déterminant. Par peur de souffrir, de nombreuses personnes refoulent les grandes émotions qui rendraient leur vie à deux exaltante pour se laisser choir dans la banalité et la répétition.

> *Sois raisonnable; tu vois bien que je ne peux pas t'offrir la lune... Il faudra te résigner à accepter cela si tu veux vivre avec moi longtemps.*

Pourtant, la tristesse et la joie sont des sœurs siamoises. Elles cohabitent dans votre esprit comme dans votre quotidien. Celui ou celle qui refuse de regarder ses émotions et de les laisser s'exprimer ne va reconnaître que la tristesse là où fleurissent aussi le rire, l'humour, la spontanéité. L'absence de liberté émotionnelle va entraîner une perte d'énergie dévastatrice qui se traduira par la dépression, la fatigue récurrente, la perte du goût de vivre. C'est comparable à une amputation invisible. Le fait de bloquer ses sentiments crée des doutes, de la méfiance. La déception se transforme en amertume. C'est le cimetière des relations de couple, mais il est tellement inutile d'y entrer.

Votre conjoint n'est pas parfait ? Vos propres défauts surgissent ? La tentation est forte de renoncer et de recommencer avec quelqu'un d'autre ? Vous serez quand même imparfait... On peut aussi se choisir et s'attacher l'un à l'autre en tentant d'avancer ensemble vers la maturité. Il suffit de garder allumée notre puissance d'expression et de communiquer autant la tristesse, la déception, la peur que l'espoir. Masquer les déplaisirs et jouer au bonheur ne donnent pas le change. Il faut rester authentique. L'une des clés est de continuer d'admirer l'autre dans ce qu'il a de meilleur. Vous avez comme lui besoin d'être apprécié, aimé, écouté, valorisé. C'est ce qui permet de traverser le corridor de la désillusion et de le transformer en maturité.

> *Je suis fière de toi ! Je vois bien que tu fais tout ce qui est en ton pouvoir pour que notre vie soit agréable. Et tu prends le temps de me câliner et j'aime tellement ça ! Je pense que nous deviendrons de bons parents, avec cette bonne volonté que nous partageons.*

Le langage non défensif a des vertus indiscutables. Il invite à l'ouverture, à la recherche de l'émotion juste, à l'expression des besoins réalistes. Puisqu'on est sorti du rêve, il faut apprendre à tirer parti de tous les ingrédients qui sont à notre portée et bâtir à partir de ce que l'on est foncièrement. C'est de cette façon que l'on peut accéder à la phase suivante : l'accomplissement.

LES DISCUSSIONS AJOUTENT DE LA VALEUR AUX PROJETS

Un couple qui dialogue verra constamment éclore des points de vue différents et quelquefois contradictoires. Ce constat peut amener une certaine souffrance. On craint que les difficultés ne brisent le couple. Lorsqu'on découvre qu'il est normal et même essentiel d'exprimer ses sentiments, de formuler des demandes et d'avoir des attentes, on cesse d'être gentil par peur et on accepte que les problèmes nous rapprochent de notre unicité. C'est sain de savoir que les racines des arbres vont dans toutes les directions possibles pour s'alimenter alors que l'arbre, lui, reposera sur un seul axe tout en déployant ses branches autour de lui. Pour trouver l'essence d'un couple, il suffit de capter l'énergie. Lorsque des obstacles nous bloquent la route, il convient de persévérer, de briser les murs souterrains s'il le faut. Même le béton ne résiste pas à l'envahissement des racines ! Le couple aussi a cette force. C'est ce qui lui permet de résister aux pires tempêtes. L'amour durable n'accepte pas la fuite, ne bâillonne pas l'autre et ne limite pas son rayonnement personnel.

Le passage de l'amour-passion à l'amour réaliste sera donc suivi par un amour-sentiment. Plus durable que l'émotion exprimée, le sentiment reste en permanence dans le psychisme, et les crises passagères ne réussiront pas à le déloger. C'est une construction qui réagit comme un stabilisateur sur un navire, la quille de la relation amoureuse, qui permet de reprendre l'axe normal dès que le vent a relâché son assaut sur les voiles. Il empêche de chavirer et, même si on n'y prête pas toujours attention, il agit sous la surface des choses. Il fera renaître l'harmonie, le désir, la complicité, la joie d'être ensemble dès que vous le lui demanderez. On a toujours le choix d'utiliser notre énergie, nos gros madriers de bois, pour détruire ou pour bâtir.

Il ne suffit pas d'ignorer les problèmes, de les rendre positifs, de laisser le temps les dissiper. Non, il faut créer les solutions en étant conscient que les éléments sont contraires et que les projets exigent parfois plus d'investissement personnel que prévu. Ceux qui ont accepté d'être parents le savent bien : certains jours, c'est la débâcle dans la vie conjugale. Mais l'amour-sentiment est là pour rester. C'est tout le contraire de l'ennui et de la résignation. C'est d'ailleurs prouvé que, lorsqu'on est dans l'énergie de l'amour, on est en meilleure santé mentale. Cela entraîne une série d'explosions d'énergie positive dans la relation.

L'ATTACHEMENT ET L'ENGAGEMENT S'ENLACENT

Lorsqu'une crise est passée, les couples en vie prennent le temps de parler de ce qui est arrivé. Le plus souvent, ils y trouvent des facteurs de changement, en tirent une leçon utile ou constatent que cela leur a permis de mieux se connaître tout en évitant le pire. En faisant des sauts dans le temps, ils finissent par admettre que les conflits stimulent la vie amoureuse, la rendent vivante, dynamique et surtout créatrice parce qu'ils deviennent des révélateurs. Pour se renouveler, pour se mesurer et pour se développer, ces mécanismes sont parfaits. Non seulement on travaille pour bâtir quelque chose de durable, mais on essaie de faire continuellement des progrès en tant que personnes engagées dans un défi commun. Prendre du recul par rapport à une situation permet de la voir sous un autre angle. Ce n'est pas facile de voir clair quand vous êtes face au mur. Prendre un peu de distance permet de franchir de nouvelles étapes avec plus de confiance en soi et en l'autre.

Les personnes qui ont peur de souffrir et qui détestent les conflits ont parfois du mal à accueillir leurs émotions et à les mettre au service de leur évolution personnelle. À trop rationaliser ses émotions désagréables, on risque de se couper de l'équilibre, et alors la peur, la peine, l'insécurité, la jalousie, la culpabilité prennent le terrain laissé vacant. Sur la défensive, vous pouvez encore vous battre pour trouver la voie de l'expression. L'étape de la communication authentique s'ouvre pour vous.

Déjà, pour reconnaître sa responsabilité, il faudra des mots. Pour reconnaître ses limites aussi. Il suffit de le « dire » au lieu de s'emprisonner dans le silence. Prenons l'exemple de Marie et Luc qui vivent une angoisse et un malaise grandissant en ce début de grossesse. Marie craint de ne pas être à la hauteur de ses futures responsabilités de mère et croit que Luc va deviner son anxiété. Mais son silence engendre de la frustration. Ils sont au bord d'une crise qui s'amplifie.

Voici un schéma de la relation qui va se vivre au quotidien.

	LUI	ELLE
Déclencheur	La souffrance de Marie	Le manque d'attention de Luc
Réactions	Des conseils	Des reproches
Émotions	Impuissance Douleur Empathie	Frustration Solitude Incompréhension
Besoins	Veut aider Se rendre utile pour aider Marie	Veut s'exprimer Sentir la confiance de Luc

Luc se sent inutile face à l'angoisse de Marie et il ressent par la suite de la culpabilité de n'avoir pas deviné la cause de son attitude. Marie se rend compte qu'elle aurait dû parler de ses peurs dès le départ. Elle a déclenché la crise par des sentiments non exprimés. Luc a donné à l'autre ce qu'il aurait aimé recevoir, des conseils, sans savoir que Marie accumulait de l'anxiété et qu'elle recherchait de la compréhension, de l'empathie.

La communication permet aussi d'indiquer où sont les limites acceptables en relation avec sa dignité et sa liberté. Pourquoi est-ce si important ? Parce que l'on perd l'amour de l'autre quand on sacrifie l'amour de soi. Une demande peut signifier une menace… si celui qui demande vise à changer l'autre. Alors la réaction saine est de poser une limite et de faire en sorte qu'elle soit respectée et actualisée.

Après cette explication, ce couple a pu travailler sur un autre point qui s'appelle la complémentarité. Les talents de l'un et les objectifs de l'autre peuvent s'inverser dans différentes circonstances afin d'éviter de priver ou de dénaturer les deux personnes qui souhaitent progresser sans se sentir coupables. Le retour aux études, une réorientation de carrière, la venue d'un enfant, un membre de la famille malade ou une promotion qui demande des heures supplémentaires occasionnelles sont tous des exemples où l'autre est appelé à accepter pour un temps de combler les pertes en essayant de les changer en gains. Tout le monde autour de vous peut condamner cette approche, mais vous, vous savez que chaque conjoint doit trouver sa route avec la confiance de l'autre et l'acceptation des différences. Le couple fait ses choix et chacun peut comprendre qu'il n'y a pas une seule voie vers l'accomplissement d'un défi. Il faut parfois se remettre en question et s'accorder un peu de temps pour intégrer les nouvelles positions. N'est-ce pas un signe de maturité que de créer ainsi les conditions de dialogue qui chasse la soumission et la remplace par de la coopération ? Justement, vous êtes-vous déjà demandé à quel âge vous avez atteint sur le plan de la maturité ? Il existe des personnes de 70 ans qui ont encore une maturité d'adolescent...

> *Yvan vit avec moi et mon fils depuis trois ans et tout allait bien jusqu'à ce que Billy commence l'école. Il est devenu plus influençable et, lorsqu'il ne veut pas obéir, il argumente. Un soir, Yvan lui a serré le bras jusqu'à ce qu'il obéisse. Sur le coup, je suis restée figée. Lorsque Billy a été couché, j'ai demandé à Yvan pourquoi il avait agi ainsi. «Cet enfant n'a pas à te tenir tête ; il te manque de respect et je ne peux tolérer ça.» Alors, je lui ai dit que, moi, je ne pouvais tolérer qu'il fasse mal à mon fils même si ses intentions semblaient bonnes. Face à l'exercice de l'autorité, lui ai-je dit, je préfère poser mes limites avec mon fils pour qu'il m'obéisse autant que face à ses réactions d'adulte, car je ne tolère pas la violence. J'ai demandé à Yvan de me laisser intervenir en ce domaine puisqu'il s'agit de l'éducation de mon fils. Nous en avons reparlé et Yvan a bien compris mes attentes et mes limites. Il n'y a pas eu de querelles, juste des affirmations et du dialogue.*

Il arrive que des couples soient trop pressés et que les prises de décision par consensus les rendent impatients. Pour que la communication ait la possibilité de fleurir, il faut la laisser agir. Le meilleur d'un couple ne s'obtient pas en trois mois. C'est un processus qui demande de l'investissement personnel. Il faut se connaître, apprendre à vivre ensemble, bâtir quelque chose à deux, traverser les obstacles, apprivoiser la réalité et construire un amour profond, bien enraciné. On dit d'ailleurs que le couple doit subir l'épreuve du temps pour prendre toute sa valeur.

JE TE RECONNAIS EN T'ACCEPTANT

La difficulté des couples qui durent, c'est de demeurer ouvert à travailler sur soi sans prendre sur soi de changer l'autre. Il est tellement facile de faire porter le poids des décisions sur les épaules du partenaire. Mais c'est agaçant de se faire dire : « Moi, à ta place, je ferais ceci ou cela… » ou encore : « Je te l'avais bien dit que tu ne devrais pas… » Remplacez ces boulets de canon par un simple : « Je sais que tu vas trouver la meilleure solution possible et, quelle qu'elle soit, je t'approuve. » Même s'il fait le contraire de ce que vous auriez voulu, la situation en sera-t-elle dramatique ? Chacun agit avec ses décisions, subit ses contradictions et a le droit d'être ambivalent. Ne vous offensez pas si vous lui demandez son opinion, qu'il vous la donne en toute droiture. Faire des contorsions pour ménager l'autre n'a rien de constructif. Il faut distinguer la vérité des faits et des opinions des sentiments de celui ou de celle qui parle. Les non-dits et les mensonges ne forment pas des couples sains, car s'y cachent le doute, l'insécurité, la fausseté. Parce qu'ils modifient la réalité des choses, les détournements verbaux viennent barrer la route à l'amour durable.

Les couples qui s'engagent réellement dans leur relation restent fidèles à eux-mêmes, à l'autre et à leur relation. La confiance se transforme en insécurité dès que les conditions suivantes ne sont plus respectées :

- Chacun respecte ses engagements ;
- Chacun doit être authentique ;
- Chacun assume ses responsabilités ;
- Chacun assume sa responsabilité de dire la vérité ;
- Chacun respecte les secrets de l'intimité de la relation.

Le bonheur conjugal est fait d'un engagement qui concilie des valeurs communes telles les suivantes : faire de la relation de couple une priorité, s'impliquer dans la relation, avoir des projets et des activités communes et se ressourcer ensemble. Dans ce cadre général, vous pouvez inventer des milliers de possibilités. Voilà pourquoi chaque couple demeure unique et le succès des couples heureux, impossible à copier.

La météo des couples n'est jamais constante bien longtemps. Quelques jours de soleil vous amèneront des perturbations inévitables. Sous les nuages, vous avez l'impression que le soleil vous a trahi, mais il n'en est rien. L'attachement est toujours aussi brûlant là-haut… Inutile de taper du pied et de souffler le chaud et le froid. Parler des contraintes, se serrer les coudes dans les moments difficiles et aller chercher les outils pour faire face aux imprévus sont des attitudes positives… Menacer sa conjointe de la quitter à chaque SPM[13] ou fuir les corvées du samedi ne témoigne pas du sens des responsabilités d'un couple qui espère le retour du soleil. Très souvent, ces moments nous entraînent à une certaine sublimation de nos attentes. C'est ainsi que des couples heureux apprennent à partager une forme de spiritualité plus zen, axée sur la patience, la relaxation, le sentiment de bien-être intérieur et la conscience d'être des humains en route vers le meilleur d'eux-mêmes.

---

13. Le syndrome prémenstruel.

LES FORMULES TROP PARFAITES

Dans le palmarès des couples à succès, il est possible de dresser une liste un peu *glamour* et basée sur les apparences d'une relation réussie. Mais la vie privée des top modèles n'est pas toujours exposée afin de nous permettre de comparer les étapes franchies et les défis relevés. L'élément le plus significatif d'un modèle d'union heureuse, c'est l'attachement qui garde ensemble un couple même au cœur d'une tempête médiatique. Qu'est-ce que Barack et Michelle Obama ont de plus précieux? Leur accomplissement personnel, leur amour et leurs enfants. Qu'en est-il pour Nicolas Sarkozy et Carla Bruni? Pour Brad Pitt et Angelina Jolie? Des centaines de couples peuvent vous inspirer. Sauriez-vous être la muse de votre partenaire? Vous imaginez-vous être le compagnon d'une Claudia Schiffer? Notre tendance à tout idéaliser nous rend un peu fleur bleue. Les personnalités publiques ont une vie privée comme tout le monde. Le couple idéal n'existe pas, sauf… si vous en faites votre priorité.

Faites donc l'exercice suivant: quelles sont vos dix valeurs de base? Et celles de votre partenaire? Pouvez-vous classer vos valeurs par ordre de priorité, la première étant la plus importante de toutes? Ce classement vous amènera sans doute à constater que vos valeurs respectives se ressemblent, mais que chacun les classe dans un ordre différent. Cela témoigne des spécificités de chacun et explique des prises de position occasionnelles qui peuvent sembler contradictoires, mais qui relèvent de valeurs très proches les unes des autres.

Un coup d'œil sur les valeurs que nous partageons ensemble et celles que nous privilégions individuellement nous permet de faire des pas vers la mise en commun de ce que chacun a de meilleur en lui.

Valeurs

Acceptation de l'autre (sans vouloir le changer)   Affection
Altruisme   Amitié   **Amour**   Autonomie   **Autorité**   Avoir
Beauté   Communication   **Compassion**   Compétition   **Confiance**
Considération   **Courage**   Dépassement   **Discipline**
Éducation des enfants   **Égalité des droits**   Engagement
Épanouissement   Excellence   **Famille**   Fidélité   **Harmonie**
Honnêteté   **Humour**   Individualité   **Justice**   Liberté   **Optimisme**
Ordre   **Ouverture d'esprit**   Paix   **Pardon**   Partage   **Passion**
Politesse   **Présence**   Reconnaissance sociale
Répartition des tâches   Respect dans l'intimité
Respect de ses ententes   Respect de soi   **Responsabilité**
Rêves   **Sagesse**   Sécurité   **Sens du devoir**   Solidarité   **Spiritualité**
Tendresse   **Tolérance**   Travail

Au fil du temps, les couples oublient de reconnaître toute la valeur de leur relation, même si elle est encore en progression vers la qualité totale. Annuellement, il peut être pertinent de faire une révision des points majeurs qui scellent votre entente. Si l'exercice vous intéresse, voici les 15 points qui constituent une évaluation réaliste et respectueuse de votre relation.

1. **Pour réviser nos ententes.** Quels sont les points d'accord qui nous servent d'ancrages, nos petites habitudes complices, nos mots et gestes d'amour ? Nous consacrons-nous assez de temps ?
2. **Pour notre sécurité financière.** Quels sont nos plans à court, moyen et long terme afin que chacun puisse vivre dans la sécurité ? Notre budget pose-t-il des problèmes ? Avons-nous prévu de protéger l'autre en cas de décès ?
3. **Pour notre lieu de résidence :** Sommes-nous satisfaits des lieux que nous habitons ? Avons-nous à prévoir des changements ? Comment notre avenir se traduit-il sur cet aspect ?

4. **Pour l'équilibre dans les tâches.** Sommes-nous en mesure de maintenir un équilibre satisfaisant? Comment améliorer les choses lorsque des imprévus, de la maladie ou des changements d'horaire surviennent? Avez-vous pensé à un travail d'équipe afin de dégager par la suite du temps de qualité? En vieillissant, ces corvées seront-elles trop lourdes?

5. **Pour affirmer nos valeurs.** Avons-nous à cœur de respecter et d'appliquer les valeurs qui nous sont chères?

6. **Pour l'éducation des enfants.** Avons-nous des difficultés particulières, des irritants, des problèmes qui nécessitent une attention particulière? Sommes-nous sur la même longueur d'onde en matière d'éducation, de dialogue, de permissivité? Les conflits récents sont-ils réglés? Et la prochaine étape, ce sera quoi?

7. **Pour le plan de carrière de chacun.** Arrivons-nous à nous soutenir mutuellement? Nos plans de carrière peuvent-ils compromettre le couple? Quel est le niveau de stress que nous impose la conciliation travail-couple-famille?

8. **Pour des activités de loisir ressourçantes.** Pouvons-nous consacrer un temps précis à des activités communes et à des sorties qui permettent de se retrouver? Lesquelles?

9. **Pour des sorties en famille ou seul.** Avons-nous des temps et des loisirs où chacun peut partager, se divertir, se développer dans une activité agréable?

10. **Pour une vie de famille reconstituée saine.** Si le nouveau partenaire n'est pas le parent, comment faire pour créer un contact agréable? Comment chacun joue-t-il un rôle qui lui convient? Que faire pour être considéré et respecté? Quels sont les points de discipline que les deux devraient tenir pour que l'ordre règne et que chacun se sente respecté? Sur quel point travailler en priorité?

11. **Pour des relations claires avec les ex.** Les partenaires qui sont parents demeurent toujours impliqués dans la nouvelle famille reconstituée, même s'ils n'habitent pas sous le même toit. Comment gérer les interactions ? Assurons-nous la stabilité émotive des enfants ? Comment éviter que les enfants ne soient victimes du jeu de ping-pong des droits de visite et des droits de garde ? A-t-on établi des limites claires avec les ex ? Comment éviter de prendre les enfants en otages ?

12. **Pour des relations agréables avec les belles-familles.** Faire le portrait de ces réseaux et indiquer s'il y a des irritants, des conflits, des inconforts. Jusqu'où va l'ouverture face à l'accueil et à l'envahissement ? Avons-nous établi des limites claires ?

13. **Moi, je porte aussi des souffrances ou je subis tes défauts.** En faire la liste en prenant celles et ceux qui correspondent à LUI et à ELLE afin de pouvoir échanger ensuite ce dialogue avec l'autre.

14. **Moi, je te reconnais des qualités uniques.** En faire la liste en prenant celles qui correspondent à LUI et à ELLE afin de pouvoir échanger ensuite cette appréciation de l'autre avec lui.

15. **Quels sont nos plus beaux souvenirs de la dernière année ?** En faire la liste en prenant le temps de les revivre. Pourquoi ne pas créer votre album de couple et y graver vos moments privilégiés ?

Engagement :

Je _____ désire renouveler mon engagement face à toi pour une période d'une année, dans le respect, la confiance et l'amour.

Je _____ désire renouveler mon engagement face à toi pour une période d'une année, dans le respect, la confiance et l'amour.

Nous _____ nous engageons à respecter cette entente de vie en couple pour les douze prochains mois.

Date : _____

C'est ainsi que plusieurs couples peuvent mesurer les progrès de leur relation au fil des années et cultiver leur attachement sincère. Vous redire fréquemment que le couple parfait n'a pas encore été trouvé sur terre vous permettra, en cas de conflits, d'accepter la réalité de la vie à deux. Le sens de l'humour et le sens des valeurs constituent les deux piliers de votre pont conjugal. N'hésitez pas à utiliser fréquemment ces mécanismes pour vous rapprocher et rendre plus léger le quotidien. Hommes et femmes sont totalement différents et chacun doit accepter, dans une certaine mesure, que cette étrange créature qui vous accompagne dans la vie soit différente de vous. Personne ne peut renier sa nature ! En rire avec complicité est souvent la seule consolation qui soit à la fois valable et thérapeutique.

Les années et l'expérience ajoutent des dimensions insoupçonnées à la vitalité du couple. Chaque conflit désamorcé et
toutes ces petites complicités accumulées font des couples proactifs des modèles uniques. Nous pouvons nous en inspirer pour
franchir des étapes difficiles sans pour autant les considérer
comme parfaits. Chaque jour est une occasion de reconquérir
celui ou celle que l'on aime. Y avez-vous pensé aujourd'hui ?
Quels gestes pouvez-vous poser pour démontrer à l'autre vos
bons sentiments ?

«La tendresse n'est pas engendrée par les hormones ou les enzymes,
la tendresse est l'un des parfums créés par l'amour.»

Pour une vie de couple durable

- Réaliser un album photos-anecdotes de toutes vos sorties
  de couple afin de vous les remémorer de temps à autre.
- S'il vous arrive de vous coucher fâché l'un contre l'autre, avez-
  vous un code, un mot-clé, un signe entre vous pour vous rappeler que votre amour est toujours là, malgré le différend ? Ce mot
  veut dire que ce n'est pas le temps de discuter, car il y a trop
  d'émotions. Vous préférez reprendre le dialogue le lendemain.
- Cultiver la communication intime entre vous, en vous consacrant dix minutes par jour à l'abri des autres. C'est le moment
  de vous serrer dans les bras et de vous redire à quel point
  vous comptez l'un pour l'autre.
- Apprendre à gérer vos conflits les plus fréquents en tenant
  un calendrier des événements. Vous pouvez les diviser en
  différents types. Par exemple, vous pouvez les classer
  comme suit: conflits de type A, mettant en cause le budget
  et l'argent; de type B, concernant les enfants; de type C,
  pour les tâches ménagères; de type D pour la ponctualité;
  de type E pour les loisirs; de type F, pour la place des
  beaux-parents ou des ex, etc. En tenant un registre de vos

querelles, de ce qui les déclenche et des solutions que vous appliquez pour les résoudre (par consensus, par exemple), vous deviendrez plus conscient de ce qu'il faut faire pour trouver des solutions à long terme, évitant ainsi des répétitions inutiles.

- Gérer les horaires avec un quadruple agenda : vous, lui, la famille, le couple, en utilisant quatre couleurs différentes sur un tableau mensuel. Ainsi, si vous oubliez de consacrer du temps à votre couple, vous le verrez instantanément !
- Rester dans l'énergie de l'amour et le positivisme ; se concentrer sur des pensées optimistes.
- Aller vers l'autre et l'embrasser, même si celui-ci est occupé ou préoccupé. C'est dans la répétition des gestes de tendresse qu'on crée les bonnes habitudes.
- Prendre aussi l'habitude de tenir sa main ou de placer une main sur sa cuisse, lorsque vous êtes ensemble en voiture. Cela signifie la tendresse, l'accord.
- Se lever le matin avec un sourire sur le visage et accueillir cette nouvelle journée en se rappelant qu'on ne sait jamais si elle sera la dernière de votre vie à deux. Ne quittez pas la personne que vous aimez sans l'embrasser et lui redire vos sentiments.

Chapitre 10
Du premier matin jusqu'au dernier jour

J'ai la conviction d'être toujours à la bonne place,
au bon moment, avec la bonne personne
et en train de faire la bonne chose.

LA SAGESSE À DEUX

Chacun est un professeur pour l'autre. Vous n'arrivez pas dans la vie de quelqu'un par hasard. Pourquoi vos routes se sont-elles croisées ? Chaque personne, de la plus modeste à la plus controversée, vient vers vous et vous vers elle parce que cette rencontre vous apportera un ingrédient qui vous fera évoluer. Lorsque l'on résiste à accueillir cette leçon, ce message spécial de la vie, les conflits naissent et se propagent. Étrangement, tant que vous ne serez pas en paix avec cette personne, le code précieux dont vous êtes porteur l'un envers l'autre restera emprisonné. C'est en ce sens que chacun devient un maître pour l'autre, car il vous enseignera quelque chose qu'il est le seul à posséder et dont vous avez besoin d'une façon vitale. Dans la vie, on joue ces deux rôles en alternance, celui de professeur et celui d'étudiant. L'accession à la sagesse, c'est de puiser ainsi dans l'autre les éléments qui vous permettent de vous élever.

Trop orgueilleux de votre personne, trop suffisant pour admettre que quelqu'un d'autre peut vous en apprendre ? Trop aveuglé parfois par le messager qui est devant vous, vous refusez de vous ouvrir. Les difficultés s'accumulent. Le mal-être s'installe. Certains couples vivent de cette façon et, si on les croise sur le sentier de la vie, on voit que chacun se regarde dans son propre miroir tout en pensant dialoguer. L'un et l'autre ne se regardent pas : ils se comparent, s'opposent, se disputent un pouvoir inutilisable et destructeur. Chacun étant persuadé qu'il a raison, leur conversation n'ouvre jamais le canal de l'apprentissage à deux. Être à l'écoute de l'autre changerait complètement leur vie.

Si j'avais su...

Qui de nous possède l'information sur la date de son décès? C'est souvent aux lendemains d'un drame que les membres d'un couple réalisent à quel point ils étaient attachés à l'autre. Trop tard! La vie étant tellement imprévisible, ce pourrait être vous qui, en cette journée normale, recevez un appel vous annonçant sans ménagement et sans préavis la mort de la personne avec qui vous avez partagé une partie de votre vie. C'est pour cela que je suggère à chacun de vivre pleinement chaque jour comme s'il était le dernier, en se concentrant sur ce qui a vraiment de la valeur pour lui. Si demain n'existe pas, je n'ai qu'aujourd'hui pour atteindre mes buts et mes objectifs. Et si cela arrive à votre partenaire?

Votre réaction de peine, votre incrédulité, votre recul face à la réalité brutale vous amèneront à revoir les derniers jours que vous avez partagés ensemble et, à chaque fois qu'une occasion de dialogue était ouverte, vous vous direz: «Si j'avais su que c'était la dernière fois, que de choses je lui aurais dites en toute honnêteté...» Vous allez tellement regretter ces silences, ces moments où vous avez traité ses attentes avec indifférence, ces jours sans sourire, ces nuits sans chaleur... Vous vous dites qu'il vous entend peut-être penser et qu'alors, il comprend votre peine et vos regrets. Mais le fait de ne pas avoir complété le dialogue amoureux vous suivra, en vous rappelant que le silence pèse lourd quand la solitude vous tient soudainement compagnie.

Reprendre confiance en votre couple peut passer par cet exercice de confidence. Imaginez que vous êtes sur le *Titanic* tous les deux. C'était la croisière de vos rêves, les vacances de votre vie et le capitaine vient de vous annoncer que le bateau s'enfonce, qu'il n'y a plus ni veste ni bateau de sauvetage. Vous allez devoir vous dire adieu... un ultime adieu. Que voulez-vous dire à cette personne qui représente tant pour vous? Allez-vous lui reprocher ses gestes ou lui traduire vos sentiments profonds?

Mon cher Jean,

Je te parle pour la dernière fois… Je voudrais tellement que ce moment s'allonge, car j'ai tant de choses à te dire. On va mourir, j'en suis si bouleversée…

Durant les 36 ans qui furent les nôtres, tu es celui qui m'a fait connaître le meilleur de la vie. C'est certain que nous avons eu des désaccords, mais ils sont tellement minimes à comparer à tout l'amour que nous avons partagé.

Je me souviens de notre première journée ensemble, il me semblait que même les roches du chemin avaient un éclat spécial. Tout était beau, tout était bleu!

Savais-tu qu'après toutes ces années tu as encore ce pouvoir de tout illuminer quand tu me prends dans tes bras?

C'est certain que, durant toutes ces années, nous avons eu nos épreuves. Tu te souviens quand nous avons dû quitter la maison que tu avais bâtie de tes mains, quand nous nous sommes retrouvés avec rien; rien que nous deux et les enfants, sans sécurité, sans électricité, sans bouffe? C'est certain que j'ai eu peur, que j'ai pleuré, que je me suis révoltée. Mais tu as toujours été là pour moi. Tu as compris que, même si je tremblais, je t'aimais bien au-delà de tous ces biens matériels. Tu vois, nous avons survécu!

Nous avons réussi à faire face ensemble à cette faillite dramatique, parce que nous avons surmonté, rebâti et nous nous sommes retrouvés dans une position bien meilleure par la suite! Tous les deux, nous avions la force de reconstruire.

C'est certain qu'au fil du temps nous avons eu nos embûches. Les enfants aux couches, les ados qui se cherchent, nos besoins qui n'étaient pas tous les mêmes. Mais l'amour n'a jamais fait défaut: nous en avions en abondance pour tout le monde!

Ça m'est arrivé de ne pas être d'accord, de me décourager devant tous ces changements risqués qui me paraissaient des

> *montagnes! Eh bien! Vois-tu, nous avons, encore là, bien fait de rester ensemble, parce que malgré tout, il y avait une saveur de bonheur, un défi à composer chaque jour une recette nouvelle. Nous l'avons fait ensemble.*
>
> *Je veux te dire qu'il n'y a pas une minute, pas une seconde que je regrette depuis que tu es entré dans ma vie. Il y a eu du mauvais, il y a eu du bon, mais, quand j'y pense, même le pire était bon, parce que tu étais près de moi.*
>
> *Je te dis merci pour tout ce que tu m'as apporté, te dire merci de m'avoir permis d'être moi, comme un être à part entière, telle que je suis.*
>
> *Je t'aime de tout mon cœur. Je te confie à Dieu!*
>
> *Ginette*

Il faut parfois un choc pour que nos sentiments véritables se révèlent. Ainsi, si votre relation de couple s'est enlisée dans le non-dit et que vos échanges ne reflètent pas ce que vous pensez vraiment, prenez conscience que la vie n'est pas éternelle et que même la vie avec cette personne n'a rien d'obligatoire et de permanent.

AVANT DE CHOISIR DE SE SÉPARER

Ce choix n'est pas toujours de votre ressort. La vie peut en décider (la mort ou une maladie dégénérative, par exemple), mais l'autre peut aussi choisir de mettre fin à votre relation. La coupure imposée alors sera une blessure qui peut prendre du temps à se cicatriser, surtout si votre sentiment reste accroché à la notion de relation non complétée. «Si seulement j'avais eu le temps de...» La rupture non désirée laisse un grand vide, une tristesse, une douleur vive, une colère, parfois des remords sans fond. Celui qui reste ou qui subit l'absence de l'autre peut décrocher, perdre le goût de vivre, de se battre, de se reconstruire. Si c'est vous qui avez choisi la séparation, votre sentiment sera libérateur, pensez-vous. Pas toujours. Le poids de la décision peut vous suivre aussi longtemps que votre compréhension des circonstances ne sera pas bien clarifiée.

Cet être a et avait de l'importance pour vous. C'est si bouleversant que certaines personnes ne s'en remettent jamais. Elles vivent avec l'ombre du disparu, accrochées à leur nostalgie. Ou encore, elles cherchent à perpétuer une relation à laquelle l'autre a voulu se soustraire. Dans d'autres cas, plus ou moins subtilement, elles conservent cette relation indépendamment de la volonté de l'autre, par exemple à travers le prétexte des enfants. Bref, même officiellement séparées, certaines personnes ne le seront jamais. L'autre occupe une place importante dans leur vie. En fait, cet attachement, ce désir que la relation continue, peut survivre pour des raisons très importantes : L'autre joue un rôle essentiel. Il contribue à me soustraire à certaines responsabilités de mon existence. En fait, si la séparation est impossible à envisager, c'est pour l'un ou l'autre de ces motifs. Toutes les relations importantes que je cultive reposent sur ces bases de motivation. Voilà pourquoi plusieurs couples mal outillés pour comprendre ce qui les unit demeurent ensemble en dépit des difficultés. La séparation nous amènerait à une certaine perte à court, moyen et long terme, alors que la conciliation nous permet de faire des gains. Il n'y a pas de hasard et tout ce qui arrive porte une leçon, une raison d'être qu'il faut avoir l'authenticité d'admettre, de regarder en face.

Lorsque la séparation commence à apparaître comme un aboutissement inévitable ou souhaitable à la relation, vous n'êtes pas obligé de vous y résoudre passivement. Chacun peut agir d'une façon qui évitera les regrets d'une relation non terminée. Pour cela, il vous faut faire la liste des pour et des contre, lui face à vous et vous face à lui :

1. Déterminer l'importance que vous accordez à l'autre ;
2. Compléter l'inachevé par un dialogue ouvert ;
3. Cesser d'éviter les réalités inéluctables de la vie.

Ce sont les pas qu'il faut faire pour vivre une séparation sans hypothéquer le reste de votre vie. Alors, même tourmentée, la séparation deviendra une riche occasion d'épanouissement qui vous rendra plus apte à réussir vraiment vos prochaines relations importantes.

J'ai vraiment tout essayé pour avoir l'intimité et la proximité que je recherche dans ma relation de couple. J'ai été compréhensive par rapport à l'immense place que prenait son travail dans sa vie. J'ai été disponible à ses préoccupations et à ce qu'il vivait, me disant que c'était une façon d'être dans son intimité. J'ai souvent parlé de ce que je vivais, par rapport à toutes les dimensions de ma vie, y compris notre vie familiale et de couple. Je lui ai fait des reproches, mais j'ai aussi, à plusieurs reprises, été très claire (et très émue en le lui communicant) sur combien je tenais à lui et combien j'aimais tout ce qu'il était. Je lui ai dit (souvent) combien j'avais besoin d'avoir une place centrale dans sa vie. Être aimée et considérée par lui, c'est pour moi une confirmation de ma valeur comme personne. Ça va jusque-là ! Je n'ai pas fait que le dire ; son importance pour moi, je lui ai démontrée, continuellement, en lui exprimant mes divers sentiments et en cherchant à régler nos problèmes à deux pour garder la relation vivante. Mais je pense qu'il est inutile d'en faire plus. Il n'est pas intéressé à s'investir davantage à ce moment-ci de son existence ou, simplement, il n'est pas vraiment intéressé à moi. C'est triste. C'est immensément triste, car j'aurais aimé demeurer avec lui. J'aime tellement de choses de sa personne et les quelques fois où il a répondu à mes besoins, j'ai été transportée. Mais c'est trop peu souvent et trop bref. Je crois que j'ai fait tout ce que j'ai pu pour que nous nous ajustions. Je dois partir, chercher ailleurs à combler ce besoin.

Comment peut-on arriver à trouver cette harmonie intérieure même dans une séparation qui s'annonce déchirante et dont on connaît clairement les répercussions ? En faisant la liste de vos besoins. En respectant vos propres choix.

1. Identifier votre besoin. Il est nécessaire de connaître précisément le besoin essentiel auquel cette personne correspond pour vous. L'importance que vous lui accordez est liée à ce besoin pour lequel elle vous apparaît comme la seule source acceptable de satisfaction. Mais il peut être difficile d'en devenir vraiment conscient. Quelques questions vous aideront à trouver cette réponse, comme le fait de vous demander quel est le besoin comblé que vous ne pourriez vous-même satisfaire.

2. Compléter l'inachevé. Une fois que vous devenez conscient du besoin essentiel que cet autre satisfait, il est temps de travailler à compléter l'inachevé, c'est-à-dire à exprimer cette vérité intérieure. La forme que prendra ce travail est liée à la satisfaction que vous obtenez déjà en comblant vous-même certains de vos besoins. Progressivement, il importe de prendre en charge tous vos besoins ; de les exprimer clairement. Ce qui vous retient d'agir face à un besoin non satisfait qui « dépend de l'autre » doit être clarifié. Cette démarche vous aidera à voir comment vous l'approprier.

3. Lorsque l'autre répond déjà à ce besoin. Aussi étrange que cela puisse paraître, la plupart du temps, ce n'est pas parce que vous ne trouvez pas de réponse adéquate à votre besoin que vous souffrez du sentiment d'être incomplet, non autonome. C'est plutôt parce que vous n'assumez pas ce besoin.

Il est même possible qu'au fond de vous vous refusiez et reniez ce besoin. Par exemple, bien des personnes contestent leur besoin insatiable d'être aimées en lui donnant le nom de «dépendance affective». Si c'est le cas, personne ne parviendra à le combler, quelle que soit leur façon d'agir. La porte d'entrée est fermée ! Ce qui pénètre en elles n'est qu'un mince filet de ce que l'autre peut globalement offrir. Le dépendant ne se sent jamais repu, jamais comblé. Avant de décider, il convient de laisser retomber les émotions et de regarder la situation de façon neutre.

> *Je veux que l'autre me considère comme importante, mais cela demeure un secret entre nous. Jamais je ne lui ai avoué que ma valeur à mes yeux dépend du poids qu'il accorde à ce que je suis et à ce que je fais. Je ne lui ai jamais dit qu'à son contact je m'accorde davantage le droit de vivre telle que je suis.*

4. Si j'arrivais à consentir vraiment à ce besoin, la situation serait bien différente. Cela ouvrirait la porte à une satisfaction complète. Pour accepter d'exprimer ce besoin, en insistant sur toute son importance, il faut que la personne s'assume entièrement.

5. Au seuil de la séparation, une telle expression vous permet aussi de «mettre à jour» tout ce qui ne l'a pas été. Il s'agit de montrer à la fois vos sentiments concernant la rupture et les besoins auxquels l'autre répond. S'assumer ainsi, tel que vous êtes, vous permettra de quitter l'autre en conservant «tous vos morceaux» (c'est-à-dire en respectant toutes les dimensions de ce que vous vivez). La séparation sera quand même difficile, mais vous n'aurez plus l'impression d'une expérience de vie «incomplète». Voilà qui vous permet d'être complet dans votre expression en tenant compte de la réalité. Vous ne pouvez changer l'autre, mais vos efforts de réconciliation prouvent que vous avez eu le courage d'être profondément sincère envers vous-même.

6. Le choix de reconstruire ensemble ou séparément. Les séparations sont nombreuses et inévitables au cours d'une vie. Elles sont même nécessaires lorsque deux personnes évoluent dans des directions opposées. Il est important de savoir comment réussir vos séparations si vous voulez pouvoir continuer votre chemin. Autrement, vous demeurez handicapé indéfiniment par les douleurs de la rupture ou par l'absence insupportable de l'autre. La séparation déclenche des émotions intenses et importantes. Vivre ses émotions complètement nous permet de passer à travers ces durs moments. C'est également le premier pas vers l'expression complète qui vous libérera et vous permettra de redevenir disponible pour une nouvelle relation plus satisfaisante. Vous connaîtrez toute l'importance, du premier matin jusqu'au dernier jour, de posséder les connaissances et l'expérience requises pour garder votre couple en vie afin de vivre le bonheur le plus parfaitement humain qui soit.

7. En phase de séparation, les deux personnes gagnent : A) à être déterminées dans leur décision ; B) à éviter les contacts physiques à moins qu'il ne soit question du bien-être des enfants ; C) conviennent de se laisser du temps pour accepter la situation. Il est connu que l'un des deux souffrira davantage de cette perte d'illusion qui s'apparente à un deuil. La tentation de revenir en arrière ne mènera à rien. Pour comprendre les messages de cette séparation, il faut environ de 6 mois à 2 ans. Passer à une nouvelle relation trop tôt ne laisse pas le temps aux nouveaux divorcés de bien assumer leur analyse personnelle et, dans 75 % des cas, une union trop rapide sera une reproduction de la dernière relation. Il ne suffit pas de mettre un pansement sur une plaie pour qu'elle guérisse : il faut aussi du temps et des soins appropriés.

8. Le détachement émotionnel est un état de relaxation pendant lequel vous êtes en contact avec votre base sans laisser les émotions négatives vous perturber. Il ne s'agit pas d'une programmation, mais d'un espace énergisant. Vous pouvez choisir vos pensées parmi celles-ci :

- Je choisis de me faire confiance ;
- Je m'abandonne ;
- Je peux être heureux sans toi ;
- Je peux être joyeux sans toi ;
- J'ai confiance pour toi ;
- Je retrouve l'espoir, je t'approuve ;
- Je te louange, je t'accepte ;
- Je suis patient avec toi, j'ai confiance en toi ;
- Je me rappelle, en premier lieu, en dernier lieu et toujours, que tu es un être de liberté ;
- Je te soutiens par ma foi et je te bénis dans mes prières, sachant que tu trouveras l'aide dont tu as besoin ;
- Je n'ai que de bons sentiments pour toi, car je suis bien disposé à te laisser vivre ta vie comme tu le désires ;
- Tes idées peuvent être différentes de mes idées et j'ai confiance en toi, tu te conduiras dans la voie la meilleure pour toi ;
- Je te bénis 24 heures à la fois.

9. Vivre le deuil d'une relation. Le deuil n'est pas une maladie, c'est un processus de guérison qui se déroule en cinq étapes : le déni, la désorganisation, la réorganisation, la réappropriation de sa vie et la transformation. En voici les manifestations, étape par étape.

LES ÉTAPES DU DEUIL

1. **Déni.** Négation, engourdissement, protestation, pleurs, recherche d'un sens, recherche d'un coupable, colère, impuissance, auto-accusation, résistance à la souffrance {**mécanisme de défense temporaire**}.

2. **Désorganisation.** Culpabilité, honte, baisse d'estime de soi, rejet et sentiment d'abandon, idées noires, effondrement, déchirement, le quotidien vient nous rappeler que la personne n'est plus là {**la réalité**}.

3. **Réorganisation.** Expression des émotions, modification de l'image de soi, réparation et détachement, espoir, désinvestissement de la relation {**la période de convalescence**}.

4. **Réappropriation de sa vie.** Réflexion, investissement dans le monde des vivants, adaptation à de nouveaux rôles, nouveaux liens d'attachement, restructuration, regain d'intérêt, acceptation de la perte, changement de valeurs, sens à sa vie, « Qu'est-ce que je peux faire ? » ; Besoin de liquider les émotions {**le bilan des pertes et acquis : ce que j'ai perdu, ce qui me reste, ce que j'ai appris**}.

5. **Transformation.** Cheminement personnel, spiritualité, prêt à pardonner et à se pardonner, libération, ouverture à la vie. La confiance en soi augmente {**acceptation : « Je veux… »**}.

N'oubliez pas ceci : Vous êtes une personne aussi unique que le sont vos empreintes digitales. L'expérience profonde du deuil rejoint tout votre être. Ouvrez-vous avec douceur, accueillez avec bienveillance vos émotions, votre souffrance. Le chemin du deuil ne se parcourt pas selon un itinéraire précis. Allez à votre propre rythme. Un pas à la fois.

Entre les deux, mon cœur balance

Il existe plusieurs outils qui peuvent aider un couple à faire le point avant de prendre l'une des plus importantes décisions de sa vie.

La dualité ou l'ambivalence, vous connaissez ? « Je les aime tous les deux… Je ne sais pas qui choisir… » Prenez une feuille et tracez deux lignes afin d'obtenir quatre cases.

Première case : Qu'est-ce que mon partenaire actuel m'a déjà apporté ?

Deuxième case : Qu'est-ce que je pense que l'autre personne pourrait m'apporter de plus ?

Troisième case : Qu'est-ce que mon conjoint actuel ne m'a jamais apporté ou ne m'apportera plus ?

Quatrième case : Qu'est-ce que l'autre personne ne pourrait pas m'apporter selon mes perceptions actuelles ?

Un de mes confrères de travail, Normand Lajoie, a écrit un texte très inspirant afin de guider les personnes qui cherchent à prendre des décisions éclairées. Le voici.

DÉCIDER

Avant de prendre une décision majeure, faites la liste des pertes et des gains en tenant compte de la situation dans toute sa réalité et de ses conséquences. Surtout rappelez-vous ceci :

Une décision basée sur la panique aura des conséquences paniquantes.

Une décision basée sur la fatigue manquera de discernement.

Une décision basée sur l'insécurité sera une décision douteuse.

Une décision basée sur l'instabilité amènera inconfort et crainte.

Une décision basée sur une réaction émotive éveillera de la colère et de la déception au fond de moi.

Une décision qui prend son origine bien subtilement dans les racines de mon passé non réglé m'entraînera sur un chemin de désintégration et à l'opposé du but recherché.

La bonne décision est issue d'un calcul d'observation de ma réalité, basée sur une rigoureuse honnêteté et la transparence de mon expérience accumulée. Elle m'apportera plaisir et joie dans la tête, le cœur et l'âme.

«ÉCOUTER L'AUTRE AVEC L'INTENTION DE CONSTRUIRE AVEC ELLE OU LUI»

POUR QUE DEMAIN SOIT MEILLEUR

Les couples qui ont résisté à l'épreuve du temps ont souvent créé des rituels qui solidifient leur attachement et l'alimentent. Vous trouverez dans ces suggestions plusieurs pistes afin de créer votre propre coffre à outils conjugal.

- Cultiver les souvenirs de vos meilleurs moments à deux (*scrapbooking*, album photo et le livre «Notre histoire d'amour»).
- Sortir main dans la main tard le soir pour regarder les étoiles et retrouver le plaisir des premières marches en amoureux, avoir à nouveau l'impression que la nuit vous appartient, que la vie vous appartient en oubliant l'heure et les responsabilités.
- Chanter et rire ensemble, sortir danser ou adopter un loisir complètement inusité ; laisser la fantaisie et la spontanéité occuper une place dans votre vie.
- Réserver un week-end pour une sortie à deux dans un lieu que vous n'avez jamais visité ; décrocher des obligations et sortir ainsi de la routine.

- S'offrir une transformation beauté-shopping (la petite étincelle qui redonne de la confiance en soi) ou des sorties de relaxation seul (pour vous ressourcer) ou à deux (pour goûter le bien-être et célébrer votre sexualité).

- Lorsqu'une émotion positive vous envahit, s'arrêter et la partager avec l'autre. Les mots d'amour et l'appréciation de gestes ou d'attitudes spontanées vont renforcer le climat et faire briller vos yeux : le bonheur se cache souvent dans ces trois minutes de vérité que vous partagez ici et maintenant.

- Le temps de qualité est parfois difficile à trouver, alors il faut le placer à l'agenda et ne rien laisser d'autre prendre la place de vos moments d'intimité. L'amour est un trésor, ne l'oubliez jamais.

- Faites-le ! Dites-le ! Entraînez votre cœur à aimer dans toutes les circonstances possibles, ce ne sera jamais trop pour souligner l'importance de votre couple dans votre vie. N'attendez pas que les problèmes soient tous réglés pour savourer la vie à deux… Car alors, vous serez mort.

- Si votre partenaire est trop occupé, faites-lui lire ce texte de Jacques Salomé. Trouvez des livres et posez des gestes qui peuvent vous inspirer. Je vous encourage à faire de votre couple une source d'accomplissement du premier jour de votre rencontre jusqu'au tout dernier que la vie va vous offrir.

ÉCOUTE-MOI...

Écoute-moi, s'il te plaît, j'ai besoin de parler
Accorde-moi seulement quelques instants
Accepte ce que je vis, ce que je sens,
Sans réticence, sans jugement.

Écoute-moi, s'il te plaît, j'ai besoin de parler
Ne me bombarde pas de conseils et d'idées
Ne te crois pas obligé de régler mes difficultés
Manquerais-tu de confiance en mes capacités ?

Écoute-moi, s'il te plaît, j'ai besoin de parler
N'essaie pas de me distraire ou de m'amuser
Je croirais que tu ne comprends pas
L'importance de ce que je vis en moi

Écoute-moi, s'il te plaît, j'ai besoin de parler
Surtout, ne me juge pas, ne me blâme pas
Voudrais-tu que ta moralité
Me fasse crouler de culpabilité ?

Écoute-moi, s'il te plaît, j'ai besoin de parler
Ne te crois pas non plus obligé d'approuver
Si j'ai besoin de me raconter
C'est simplement pour être libéré

Écoute-moi, s'il te plaît, j'ai besoin de parler
N'interprète pas et n'essaie pas d'analyser
Je me sentirais incompris et manipulé
Et je ne pourrais plus rien te communiquer

Écoute-moi, s'il te plaît, j'ai besoin de parler
Ne m'interromps pas pour me questionner
N'essaie pas de forcer mon domaine caché
Je sais jusqu'où je peux et veux aller

Écoute-moi, s'il te plaît, j'ai besoin de parler
Respecte les silences qui me font cheminer
Garde-toi bien de les briser
C'est par eux bien souvent que je suis éclairé

Alors maintenant que tu m'as bien écouté
Je t'en prie, tu peux parler
Avec tendresse et disponibilité
À mon tour, je t'écouterai

P.-S. : En terminant la lecture de ce livre, je vous invite à passer à l'action et à inventer vos propres trucs et astuces. Allez rejoindre votre partenaire de vie maintenant, pour lui dire, comme vous n'avez encore jamais osé le faire, à quel point elle ou il est important à vos yeux. Imaginez ce moment, rendez-le le plus vrai possible, puis vivez-le pleinement !

Conclusion

En ces temps de crise et de morosité, ressentez-vous comme moi un immense désir de vous soustraire au pessimisme, de partager du plaisir avec ceux que vous aimez ? Les temps perturbés que nous affrontons font naître le besoin de se faire du bien et de mettre l'accent non pas sur ce qui va mal dans sa vie quotidienne, mais sur ce qui va bien ! Des idées géniales naissent de ces périodes historiques plus sombres. C'est le cas pour le Quotient Plaisir, mis au point par Alex Linley récemment. Il base sa recherche sur l'analyse des réactions sensorielles (nos cinq sens) à des variations physiques et psychologiques, comme le désir, l'appétit et aussi l'accomplissement personnel. De la même manière que le QI, le QP est appelé à nous révéler notre capacité de jouir des meilleures choses de la vie.

Après avoir partagé avec vous un ensemble de connaissances, quelques interrogations personnelles vous permettront de tourner le miroir vers vous-même. Pouvez-vous répondre à ces questions :

- Y a-t-il assez de plaisirs dans votre vie ?
- À quels plaisirs êtes-vous le plus réceptif ?
- Comment en avoir plus, de ces plaisirs ?
- L'amour ouvre-t-il la porte à des plaisirs que vous aimeriez goûter davantage ? Quels sont-ils ?

- Quelle est votre réaction face au Plaisir avec un grand P ? L'aimez-vous ? Le craignez-vous ? Le cultivez-vous spontanément ?
- Êtes-vous capable de planifier votre plaisir à deux ?

Vous combattez peut-être de façon inconsciente un ennemi qui n'en est pas un : le plaisir est naturel et sain. Certaines religions ont souvent jugé et condamné d'un bloc tout ce qui rendait l'humain euphorique : cette notion est désuète. Le plaisir n'est pas une calamité et encore moins un péché. « Amusez-vous donc ! » prônait Épicure trois siècles avant Jésus-Christ ! L'aisance, le rire, la sensualité et la volupté nourrissent la vie à deux, la rendent plus pétillante. C'est en partageant des plaisirs de plus en plus raffinés et subtils que vous apprendrez à faire éclore votre désir et celui de l'autre.

Évidemment, si vous êtes un irréductible pessimiste, toutes ces suggestions risquent de creuser l'écart entre vos rêves et la façon de les réaliser. Votre défi n'est pas de savoir que le bonheur à deux existe, mais plutôt d'y croire. Peut-être est-il temps pour vous d'enlever vos lunettes noires, tout simplement.

La vie en couple fait partie de ces choix qui demandent non pas simplement une décision d'un jour, comme lorsqu'on fait l'acquisition d'un bien. « Je l'achète, je le prends, je l'utilise ! » C'est un choix de vie qui se ramifie partout en vous et autour de vous, qui remplit tout l'espace et déborde même en rendant la société plus cohérente et plus imaginative. Comme clé de contact, il n'y a pas mieux que le dialogue… même si certains mécaniciens savent bien que le fait de relier certains fils directement peut aussi allumer la passion et faire des étincelles. Si vous vous sentez bien dans votre corps, vous aurez envie de sexe comme de danser, de chanter, de rire et de vous blottir l'un contre l'autre.

Que ce livre ait été placé entre vos mains pour vous amener à laisser jaillir votre fantaisie du moment, c'est stimulant. Que ce livre soit là pour vous faire accepter que vous êtes unique, homme et femme des cavernes devenus modernes côte à côte, c'est essentiel. Que ce livre vous fasse réaliser que l'humanité continuera d'évoluer au fil des saisons et des âges malgré les problèmes quotidiens, avec l'amour-soleil bien en vue dans son ciel, même les jours de pluie, c'est enthousiasmant. Que ce livre vous permette de parler tout en vous amenant à mesurer que les mots deviennent souvent inutiles lorsque l'intimité gagne les cœurs. C'est magnifique !

Alors, les métaphores nous parlent : elles nous aident à ressentir l'arc-en-ciel au plus profond de nous, à passer dans nos mains réunies.

Imagine le couple comme une huître. Un jour, malgré toutes les précautions habituelles, un grain de sable s'est logé dans le cœur vivant de l'huître. Quel problème ! Quel malheur ! Chacun des deux cherche une solution, mais le grain de sable demeure en place. L'inconfort et la tension sont de mauvais augure. Petit à petit, ils s'en approchent, le cernent et commencent à le transformer en quelque chose de positif.

Des années plus tard, l'huître cache en son cœur une perle de grand prix. Il y a des millions d'huîtres qui auront une apparence et une saveur parfaite, mais sans plus. Parfois, lorsque la chimie opère entre deux personnes, la fusion des deux va engendrer une perle et venir prouver que cet amour a quelque chose de plus, même si ce sont les problèmes partagés qui en sont à l'origine.

Il y a de ces couples qui nous font la preuve que la perle existe et que c'est à chacun de travailler à la réaliser à deux. Parfois, c'est une passion commune, un rêve, des valeurs qui fécondent le couple ou même une crise imprévisible qui serviront de déclencheur à ce travail fantastique.

Séparer les deux coquilles d'une huître trop rapidement, après l'intrusion d'un petit grain de sable de discorde, sans bien mesurer ce qui pourrait servir à cristalliser l'amour sur un projet plus grand encore, c'est renoncer à entrer dans ce laboratoire où toutes les expériences peuvent devenir utiles à quelque chose qui se construit en duo et prend de la valeur avec le temps.

Voici les ingrédients à utiliser dans les proportions qui vous conviennent pour faire de votre couple une recette gourmande, dont vous ne vous lasserez jamais. Cuisiner à deux, c'est tellement mieux !

- ♥ Communication
- ♥ Ouverture
- ♥ Union
- ♥ Plaisir
- ♥ Liberté
- ♥ Engagement

- ♥ Espace
- ♥ Naturel

- ♥ Valeurs
- ♥ Intimité
- ♥ Équilibre

Témoignage d'un ami

Hello Dolly !

Moi qui ai rencontré les plus grandes vedettes du monde, c'est à une inconnue devenue illustre, Dolly Demitro, que je dois d'avoir changé le cours de ma vie en mai 2002. C'est elle qui m'avait accueilli à bras et à cœur ouverts dans une de ses sessions intensives au Centre de ressourcement Attitude. À vrai dire, je ne voulais pas faire cette foutue session, mais j'étais tellement au bout de mes forces que j'avais été incapable de dire non à une amie et à son chum qui venaient justement d'en sortir et qui m'avaient littéralement traîné de force à Attitude.

De cette première soirée, assis là sur ma chaise, dans la première rangée de ce groupe d'une quarantaine d'hommes et de femmes que je ne connaissais pas, je ne me souviens pas de grand-chose, si ce n'est que, si j'avais pu disparaître, je me serais caché sous les tuiles du plancher de cette salle, tellement j'étais honteux d'en être rendu là, et ce, même si c'était la première fois en quatre ans que je m'éloignais de ce qui était devenu mon enfer quotidien. Par amour pour une femme, j'avais tout donné, tout essayé, tout espéré, mais j'étais psychologiquement vaincu et physiquement meurtri. Cette relation toxique dans laquelle je vivais depuis toutes ces années avait presque tout anéanti autour de moi : carrière, amis, relations familiales et surtout mon estime de moi.

Peu à peu, en écoutant les autres participants de la session, j'ai compris qu'ils étaient comme moi : eux aussi étaient en difficulté, eux aussi étaient en détresse et eux aussi cherchaient une vie meilleure que celle qu'ils vivaient actuellement. Comme une tortue sortant lentement de sa carapace, je me suis ouvert aux autres et j'ai compris que ce qui m'avait amené à ce terrible bas-fond émotionnel et personnel s'appelait de la dépendance affective. Enfin, quelqu'un venait de mettre un nom sur ce mal qui m'habitait depuis mon enfance et me montrait comment ne plus en être victime. De l'homme honteux et abattu que j'étais, grâce à Dolly Demitro et son équipe d'intervenants, je suis ressorti cinq jours et demi plus tard nettoyé de mon douloureux passé et outillé pour faire face à ma nouvelle vie.

Aussitôt la session terminée, j'ai immédiatement mis fin à ma relation destructrice. Pendant les jours, les semaines et les mois suivants, j'ai repris le contrôle de ma vie en intégrant mon nouveau mode de vie «attitudien». Alors que je ne croyais vraiment plus à l'amour, je me suis lié d'amitié avec Josée, qui, elle aussi, avait suivi la session en même temps que moi. De collègues de session partageant nos vécus, nos espoirs et nos fous rires, contre toute attente, nous sommes devenus, un an et demi plus tard, un couple. C'est d'ailleurs Dolly qui, la première, s'était aperçue que nous étions faits l'un pour l'autre et qui heureusement nous l'avait fait remarquer. Lentement et sûrement, un jour à la fois, j'ai appris ce que c'était d'aimer sainement.

Six ans plus tard, Josée et moi sommes définitivement «un couple en vie», et même très en vie! Le 7 du 7, 07 (7 juillet 2007), notre chiffre chanceux, nous nous sommes mariés dans la cour arrière de notre nouvelle maison en présence de nos cinq enfants (trois de Josée et deux de moi), d'une trentaine d'amis (incluant Dolly) et des membres de nos familles respectives. Même si la vie n'a pas été de tout repos ces dernières années – fin de notre contrat à la radio, retrait prématuré de Monsieur Showbiz à la télé et recherche de nouveaux emplois en période de crise économique –, elle nous aura au moins permis d'utiliser nos outils et de mettre en pratique notre mode de vie Attitude afin de préserver et de faire grandir notre relation amoureuse, de faire évoluer nos carrières dans d'extraordinaires nouvelles directions, tout en s'assurant la réussite de notre famille recomposée. Notre famille, c'est deux adultes en cheminement, deux ex-conjoints, trois chiens, un chat, quatre adolescents et une jeune adulte : Valérie, 12 ans ; Martin, 14 ans ; Cédrick, 16 ans ; Gabriel, 17 ans et Ariane, 19 ans, qui nous en font parfois voir de toutes les couleurs.

Aujourd'hui encore, lorsque nous en avons la possibilité et le temps, il nous arrive d'être des personnes volantes lors de sessions intensives, d'être un « couple aidant » pour des sessions de couples ou même des conférenciers invités lors de sessions d'Attitude II. Notre force, c'est la communication. D'ailleurs, nous sommes tellement fascinés par ce tournant dans nos vies que Josée et moi avons passé les derniers mois à écrire, ensemble et chacun de son côté, des conférences et des livres qui auront pour thèmes : « Transformez vos échecs en victoires ! » et « Que faire de ses enfants qui n'entrent pas dans le moule ? », qui nous permettront à notre tour de continuer de « donner au suivant ». Comme le dit tout le temps Dolly : « Si tu veux ce que tu n'as jamais eu, fais ce que tu n'as jamais fait ! » C'est précisément ce que nous faisons depuis ce 9 mai 2002 qui a changé nos vies à jamais.

Merci Dolly !

ÉRICK RÉMY

Bibliographie

BEAULIEU, Danie. *Thérapie d'impact : fondements théoriques et applications cliniques d'une approche psychothérapeutique intégrative et polyvalente*, Lac-Beauport, Impact ! Éditions, 2006, 279 p.

CHAREST, Rose-Marie. *La dynamique amoureuse : entre désirs et peurs*, Montréal, Bayard Canada, 2008, 254 p.

DALLAIRE, Yvon. *Qui sont ces couples heureux ? Surmonter les crises et les conflits du couple : traité de psychologie des couples heureux*, Québec, Éditions Option Santé, 2006, 286 p.

D'ASEMBOURG, Thomas. *Cessez d'être gentil, soyez vrai ! Être avec les autres en restant soi-même*, Montréal, Éditions de l'Homme, 2003, 249 p.

DEMITRO, Dolly. *Accros à l'amour : sommes-nous tous des dépendants affectifs ?*, Montréal, Éditions de l'Homme, 2008, 148 p.

ÉLIE, Pierre-Claude. *Dynamiser l'organisation avec la démarche appréciative*, Montréal, Éditions Transcontinental, 2007, 206 p.

FORTIN, Bruno. *La gestion des émotions*, Montréal, Éditions CPF, 2007, 147 p.

HOOPER, Anne. *Sexe, réussirez-vous le test ?* Paris, Contre-dires, 2006, 240 p.

JAOUI, Hubert. *J'aime mon couple et je le soigne ! Amour, sexe et créativité*, Paris, Interéditions, 2004, 141 p.

LARIVEY, Michelle. *La puissance des émotions : comment distinguer les vraies des fausses*, Montréal, Éditions de l'Homme, 2003, 328 p.

LOUPIAS, Annick. *La tortue sur le dos : ma lutte contre la boulimie*, Montréal, Éditions de l'Homme, 2001, 189 p.

MALAREWICZ, Jacques-Antoine. *Repenser le couple : hommes et femmes, comment vivre à deux aujourd'hui ?*, Paris, Le Livre de poche, 2001, 223 p.

McGRAW, Phillip C. *Couple, la formule du succès : sept étapes essentielles pour renouer avec votre partenaire*, Paris, Marabout, 2005, 349 p.

MONBOURQUETTE, Jean. *Comment pardonner ? Pardonner pour guérir, guérir pour pardonner*, Montréal, Novalis, 2009, 250 p.

NAZARE-AGA, Isabelle. *Les manipulateurs et l'amour*, Montréal, Éditions de l'Homme, 2004, 212 p.

PEASE, Allan. *Pourquoi les hommes n'écoutent jamais rien et les femmes ne savent pas lire les cartes routières*, Paris, First, 2006, 390 p.

------------------. *Pourquoi les hommes mentent et les femmes pleurent*, Paris, First, 2005, 416 p.

PORTELANCE, Colette. *Vivre en couple et heureux, c'est possible*, Montréal, Éditions du Cram, 2007, 286 p.

ROSENBERG, Marshall B. *La communication non-violente au quotidien*, Genève, Jouvence, 2007, 91 p.

ROSS, Marie-Paul. *Pour une sexualité épanouie : un modèle d'intervention globale en sexologie : le MIGS*, Montréal, Fides, 2009, 235 p.

RUIZ, Miguel. *Les quatre accords toltèques : la voie de la liberté personnelle*, Bernex, Jouvence, 2005, 125 p.

SALOMÉ, Jacques. *Le courage d'être soi : l'art de communiquer en conscience*, Gordes, Éditions du Relié, 2005, 193 p.

------------------------. *Heureux qui communique : pour oser se dire et être entendu*, Paris, Albin Michel, 2003, 94 p.

------------------------. *Jamais seuls ensemble : comment vivre à deux en restant différents*, Montréal, Éditions de l'Homme, 2003, 174 p.

TANNEN, Deborah. *Décidément, tu ne me comprends pas : comment surmonter les malentendus entre hommes et femmes*, Paris, Laffont, 1993, 349 p.

TURCHET, Philippe. *Les codes inconscients de la séduction : comprendre son interlocuteur grâce à la synergologie*, Montréal, Éditions de l'Homme, 2004, 188 p.

TURCOTTE, Marie-France. *Prise de décision par consensus : leçons d'un cas en environnement*, Montréal, Harmattan, 1997, 172 p.

VÉZINA, Jean-François. *L'aventure amoureuse : de l'amour naissant à l'amour durable*, Montréal, Éditions de l'Homme, 2008, 196 p.

VINCENT, Lucy. *Où est passé l'amour ?*, Paris, Odile Jacob, 2007, 224 p.

Remerciements

Ma plus grande conviction, dans la vie, c'est que tout être humain a le droit d'être heureux. La vie qui nous est prêtée nous permet d'en faire la découverte progressivement. Cette expérience unique d'aimer et d'être aimé en retour est à la fois le but du voyage humain et la meilleure façon d'apprendre à devenir une meilleure personne. Au fil des expériences, on crée notre propre chaîne d'amour qui se renforce avec le temps. Ma richesse personnelle aujourd'hui s'est construite depuis l'enfance, entourée d'une famille qui m'a accueillie telle que je suis.

Ma propre croissance s'est enrichie grâce à l'amour, à l'amitié et à la connaissance que chaque personne que j'ai côtoyée m'a fournie, un grain de sable à la fois. Voilà dans quel esprit s'est peu à peu construit le Centre de ressourcement Attitude, en regroupant toute une grappe d'êtres humains généreux et accueillants avec qui je peux créer quelque chose de meilleur, jour après jour.

Ce second livre m'a ramenée à la source de toute vie féconde: la formation d'un couple reste tellement remplie de mystère que l'on met une large partie de sa vie à en saisir toute l'importance. Plusieurs de mes proches, de mes amis sincères, de mes conseillers et de mes clients ont, sans le savoir, enrichi mon laboratoire en les mettant sur la piste de solutions.

L'étendue du sujet méritait qu'un éclaireur m'aide à rester fidèle à mon objectif: j'ai trouvé en Marie Brassard cette écoute attentive et cette vision de la démarche à entreprendre. On dit qu'un bon coach de vie, c'est une personne qui vous tend un miroir dans lequel vous arrivez à voir concrètement ce qui vous semblait, encore hier, un désir, une intention. Mon rêve est devenu réalité!

Merci! Quel mot important... Je me remercie pour cette soif de vivre et de partager, pour cette chance que j'ai de rencontrer des personnes qui m'apportent tellement, des collègues jusqu'aux collaborateurs de tous les instants, qui m'aident à grandir grâce à leurs expériences. Je suis reconnaissante chaque jour pour l'équipe du Centre de ressourcement Attitude qui relève sans cesse de nouveaux défis. Et j'ai des millions de mercis à exprimer à mes enfants, à ma famille et à mes amis.

Merci à l'équipe des Éditions de l'Homme qui, une fois de plus, m'accueille dans son grand train de la communication contagieuse. Puissions-nous aller très loin ensemble!

En terminant, j'aimerais remercier ce qu'il y a de meilleur en chaque personne: ce désir d'aimer, cette sincérité, cette générosité qui passe de moi à vous, pour nous rendre la vie plus belle.

Pour joindre l'auteur

Le Centre de ressourcement **ATTITUDE** offre des sessions individuelles et de couple, ainsi que des rencontres destinées aux adolescents et adultes, et basées sur les valeurs que ce livre vous a fait découvrir.

Dolly Demitro est aussi disponible pour des consultations privées en relation d'aide.

Courriel : info@centreattitude.com
Site Web : www.centreattitude.com
Téléphone : 450-240-0404
Télécopieur : 450-240-0340

Table des matières

Avant-propos 9
Introduction 13

CHAPITRE 1
« Je-me-moi » ou je me noie 19
  COMMENCER PAR SOI. 21
    Le temps de se connaître. 22
    La peur de s'affirmer. 24
    Toujours l'autre 27
    Une remise en question 29
    À chacun sa zone. 33
      Pour vous reconnaître comme une personne. 35

CHAPITRE 2
L'appel de l'amour ou amour à la pelle 37
  DÉCOUVRIR L'AUTRE. 39
    La présence magnétique 39
    Comprendre la séduction. 46
    Cultiver la séduction. 50
    Utiliser les codes masculins/féminins. 54
    À chacun son langage 55
    Perdre la tête, encore et toujours 60
      Pour vous reconnaître en tant que couple 63

Chapitre 3

Mots pour maux 65

  La communication à deux 67

    Une méthode infaillible... 70

    Les modèles de couples. 76

    Trouver son langage 79

    Le silence et ses pièges 80

    Le langage chez les femmes et chez les hommes 82

    À deux doigts de la rupture, que dire ? 87

      Pour vous exprimer en tant qu'individu dans un couple. . 90

Chapitre 4

Point de vue ou vue avec mise au point 91

  Faire le bilan de santé de son couple 93

    Quatre moyens de remettre nos pendules à l'heure. . 98

    Des exemples à appliquer. 104

      Pour soigner votre relation de couple 108

Chapitre 5

À deux pas d'un accord majeur 109

  Se repositionner en tant que couple 111

    Du cinq pour un, chaque jour 114

    Un premier bilan. 117

    Les soins du couple. 119

    Face à l'inacceptable 120

    Et la famille, dans tout ça ? 121

    Lorsque la séparation devient inévitable. 125

    Certains principes à revoir 126

      Pour vous ajuster en couple 132

Chapitre 6

Guerre des sexes ou sexe en guerre 133

  La sexualité en couple 135

    Comprendre les pulsions 138

Les hauts et les bas 142
La fusion du corps et de l'âme 145
Soigner sa libido 147
Et après l'amour ? 150
Les habitudes qu'il faut combattre 155
Votre rôle et son rôle 158
Pour une vie sexuelle pétillante en couple 159

CHAPITRE 7
Marmite au feu et feu de mitraille 163
FAIRE FACE AUX CRISES EXPLOSIVES 165
Les territoires hostiles 166
Les antidotes 172
La meilleure manière de terminer une dispute 173
De quel type êtes-vous ? 174
Le triangle des rôles 174
Les silences qui blessent 176
Et si nous divorcions ? 180
Pour mieux régler les conflits en couple 184

CHAPITRE 8
Les maladies mangeuses d'amour 185
POUR UN COUPLE EN SANTÉ 187
Même en couple, je suis responsable de moi 188
Je t'aime à mort... 189
Être jaloux, une preuve d'amour ? 191
La ligne entre l'acceptable et l'inacceptable 194
La dépendance et les troubles pathologiques 195
Les indices d'une bonne santé mentale 196
Les symptômes qui affectent le couple 198
Pour aider la santé mentale du couple 201

Chapitre 9

Un modèle sans top modèle 203
 Le couple à travers le temps 205
  La maturité ne s'achète pas 206
  La désillusion peut être créatrice 207
  Les discussions ajoutent de la valeur aux projets 208
  L'attachement et l'engagement s'enlacent 210
  Je te reconnais en t'acceptant 213
  Les formules trop parfaites 215
   Pour une vie de couple durable 220

Chapitre 10

Du premier matin jusqu'au dernier jour 223
 La sagesse à deux 225
  Si j'avais su 226
  Avant de choisir de se séparer 228
  Entre les deux, mon cœur balance 235
   Pour que demain soit meilleur 237

Conclusion 241
Annexe 245
Bibliographie 249

Suivez les Éditions de l'Homme sur le Web

Consultez notre site Internet et inscrivez-vous à l'infolettre pour rester informé en tout temps de nos publications et de nos concours en ligne. Et croisez aussi vos auteurs préférés et l'équipe des Éditions de l'Homme sur nos blogues!

www.editions-homme.com

Achevé d'imprimer au Canada